MW01632176

Meditación medicina para el alma

por Rajinder Singh

Con Amor.

La Negra

Radiance Publishers

Radiance Publishers
1042 Maple Ave.
Lisle, Illinois

La primera edición en inglés fue publicada
en agosto de 2012
1 3 5 7 9 11 13 15 14 12 10 8 6 4 2

ISBN-13: 978-0-918224-94-1

Traducción por el Comité de Traducciones SK
Impreso en

Otros libros de Rajinder Singh

La chispa divina
El poder sanador de la meditación
Descubriendo el poder del alma por medio de la meditación
El hilo de seda de la Divinidad
La sed espiritual
Ecos de la Divinidad
Perlas espirituales para una vida iluminada
Ecología del alma y misticismo positivo
Educación para un mundo en paz
Visiones de la unidad y la paz espiritual

En hindi:
La espiritualidad en los tiempos modernos
La verdadera felicidad
Autorrealización
La búsqueda de la paz dentro del alma
Salvación a través del Naam
Tesoros espirituales
Experiencia del alma
Charlas espirituales

Contenido

Parte 4: Meditación para el equilibrio y el bienestar

Parte 5: Meditación y el cerebro

Parte 6: Meditación para el manejo del dolor

Parte 7: Técnica de meditación

PARTE 1

Meditación para la salud espiritual

CAPÍTULO 1

LA MEDITACIÓN COMO MEDICINA PARA EL ALMA

Por Sant Rajinder Singh Ji Maharaj

Latente dentro de cada persona hay una energía espiritual que tiene el poder de curarnos. La técnica por medio de la cual podemos entrar en contacto con este poder oculto es la meditación. Una vez que esta fuerza interna nos toca sufrimos una profunda transformación. Experimentamos una mejoría de la salud del cuerpo, de la mente, del corazón y del alma.

En los últimos años, las personas en Occidente han enfocado su atención en encontrar los medios para sanarse a sí mismas a nivel del alma y vivir una vida más plena. En todo el mundo han aparecido muchísimas técnicas nuevas.

Oriente ofrece una perspectiva única. Tiene una tradición milenaria que Occidente está comenzando a explorar. Reconoce una conexión entre el cuerpo, la mente y el espíritu. Los sabios de Oriente conocían el poder inherente al alma. Los investigadores y médicos occidentales están comenzando a descubrir lo que en Oriente ya se sabía: el poder sanador de la meditación. Los doctores reconocen su importancia. Irónicamente, mientras en Occidente muchos emplean la meditación como un tratamiento médico, los médicos de Oriente, en su búsqueda por asimilar los avances modernos de Occidente, a veces ignoran sus tradiciones ancestrales.

Esta es una época emocionante para ser médico. Cada día, nos asombran las nuevas investigaciones y avances en el campo de la medicina. Los científicos e investigadores de la salud buscan curas para el cáncer, las enfermedades coronarias, los derrames cerebrales y muchas enfermedades crónicas. Las nuevas herramientas tecnológicas para el diagnóstico, tratamiento y cirugía son la norma para los profesionales de la salud. Estas ofrecen soluciones más rápidas, más nuevas y más complejas; sin embargo, pueden minimizar el planteamiento profundo y "sencillo" del bienestar integral. Los doctores pueden hacer cirugías desde un lugar remoto utilizando equipos robotizados. Pequeñas cámaras colocadas en el cuerpo permiten cirugías menos invasivas. Las partes del cuerpo pueden ser reemplazadas por unas nuevas. Los corazones con fallas ahora pueden reanimarse. Los médicos están trabajando en la frontera de la medicina.

En este despliegue vertiginoso de las innovaciones médicas, la meditación no necesita de ningún equipo médico. La meditación es una medicina para la salud del cuerpo, la mente y el alma.

La meditación juega un papel en la medicina preventiva. Tiene un efecto en los tratamientos complementarios y en la velocidad de la recuperación. Tiene un beneficio en el estado emocional y mental de los pacientes. Es valiosa cuando los médicos tratan con pacientes que son terminales o que tienen enfermedades con riesgo de muerte. Este libro contiene una selección de trabajos en las áreas mencionadas. También examinará los beneficios de la meditación. Esta no busca reemplazar a la medicina o a un tratamiento, ya sea tradicional o alternativo, pero es una herramienta complementaria poderosa.

Como padre de dos hijos graduados en medicina, conozco de cerca a los médicos, sus horarios y estrés.

Los médicos son un género excepcional y noble. Su servicio a la humanidad va más allá de las palabras. Sin embargo, mientras que les aconsejan a sus pacientes evitar el estrés, ellos mismos están llenos de tensión. A menudo no piensan en su propia salud. La meditación ayuda a los profesionales de la medicina a hacer frente a la inmensa presión de su profesión. Los médicos necesitan estar saludables por el bien de los pacientes y de ellos mismos.

La meditación como medicina preventiva

La meditación ayuda a reducir el estrés, el cual es una parte normal de la vida que ayuda a que el cuerpo se proteja a sí mismo del peligro. Una amenaza física ocasiona que nuestro cuerpo libere las hormonas cortisol y adrenalina para darnos la fuerza para pelear o huir. A lo largo de la historia el estrés le permite a la gente huir de un ataque o enfrentar al atacante. La dificultad que plantea el estrés en los tiempos modernos es que si bien rara vez estamos en peligro físico frente a animales salvajes, incluso situaciones de menor importancia se perciben como amenazas mortales. Nos estresamos por situaciones de la vida que sentimos nos desestabilizan. Por ejemplo, cuando nuestro bebé llora, nos preocupa si le sucede algo malo. Si nuestro hijo saca una nota mala, nos inquieta cómo va a entrar a la universidad. Cuando llevamos nuestro auto al taller de reparación, nos preocupamos. Nos estresa realizar diversas tareas al mismo tiempo. El resultado es que los niveles de cortisol circulando a través de nuestro cuerpo se elevan. El cortisol puede tener un beneficio a corto plazo, protegiéndonos de un peligro físico real, pero cuando nuestra mente y cuerpo perciben todo como peligroso, respondemos liberando niveles más elevados de cortisol de los que necesitamos. Además de sus beneficios, existen unos efectos colaterales peligrosos incluso cuando la cortisona es recetada como una medicina. Por ejemplo, la cortisona puede ocasionar un desgaste de los tejidos corporales dando como resultado huesos débiles y desgarros musculares. Por lo tanto, los niveles elevados de cortisol y adrenalina afectan al cuerpo.

Los investigadores médicos han relacionado ciertas enfermedades con nuestro estado mental y condición emocional. Cuando sufrimos estrés mental, dolor emocional o depresión, nuestra resistencia física a las enfermedades disminuye. Nos volvemos más susceptibles a contraer enfermedades, porque disminuye nuestra capacidad para mantener trabajando en perfectas condiciones nuestro sistema inmunológico. La ciencia ha establecido que las enfermedades coronarias, los problemas digestivos, circulatorios y respiratorios, y los dolores de cabeza tipo migraña algunas veces están relacionados con el estrés.

Pasar un tiempo regular dedicado a la meditación ha mostrado que reduce el estrés. Un estudio sobre meditación hecho por el Dr. John L. Craven publicado en el *Canadian Journal of Psychiatry*, dice: "Estudios controlados han encontrado disminuciones notorias de la ansiedad en los meditadores.... Muchas condiciones relacionadas con el estrés han mostrado una mejoría durante pruebas clínicas de la meditación incluyendo: hipertensión, insomnio, asma, dolor crónico, taquiarritmias cardiacas y ansiedad fóbica". (Craven, Dr. John L., "Meditation and Psychotherapy," *Canadian Journal of Psychiatry*, pp. 648-53).[1]

En otro estudio, el Dr. Ilan Kutz dice: "A medida que se desarrolla la habilidad para meditar, se desarrolla una jerarquía de sensaciones, que abarcan desde la relajación profunda hasta marcados cambios emocionales y cognitivos... Muchos de estos cambios periféricos son compatibles con una disminución de la excitación del sistema nervioso simpático... Los cambios fisiológicos periféricos han probado ser valiosos como tratamiento primario o complementario para una variedad de desórdenes médicos tales como la hipertensión y las arritmias cardiacas, así como el alivio de estados de ansiedad y dolor". (Kutz, MD, Ilan, *et al.*, "Meditation and Psychotherapy," *American Journal of Psychiatry*, Vol. 142, pp. 1-8).[2]

La meditación es un medio para eliminar la falta de equilibrio causada por el estrés. Por medio de ella, creamos un remanso de paz y restauramos nuestro balance. Los investigadores han registrado la actividad cerebral en las personas. Encontraron que nuestras ondas cerebrales miden de 13 a 20 Hz cuando estamos involucrados en situaciones de estrés en el trabajo, manejando en el tráfico, o en el estado de pelear o huir. Quienes pasan tiempo en meditación registran ondas cerebrales de 5 a 8 Hz, en un estado de relajación profunda. Su mente se tranquiliza, lo cual a su vez, calma al cuerpo. Si cada día pudiéramos pasar algún tiempo en meditación, podríamos reducir nuestros niveles de estrés.

Además de disminuir el estrés durante la meditación, hay un efecto que perdura. Podemos tener más paz mental interior. A medida que perfeccionamos nuestras meditaciones, podemos mantener un estado de tranquilidad mental en medio del caos y el conflicto. Podemos tener el control de nuestras reacciones e incluso mantener el equilibrio.

La meditación como una modalidad de tratamiento

En hospitales de todo el mundo, los médicos sugieren la meditación a sus pacientes antes y después de una cirugía para mejorar su recuperación. La enfermedad conlleva dolor, incomodidad y preocupación. Cuando los pacientes meditan, pueden disminuir los niveles de cortisol y ayudar en su proceso de recuperación. Muchos centros médicos y hospitales suelen ofrecer clases de meditación.

Al concentrarnos en nuestro interior, podemos desviar nuestra atención de los efectos de la enfermedad. Entramos en contacto con una corriente de bienaventuranza y felicidad que aleja nuestra atención del dolor. Entramos en un refugio de bienaventuranza y paz, a salvo de los estragos del dolor físico. La meditación nos ayuda a superar el malestar y eleva nuestra atención a un nivel de conciencia superior para que estemos tranquilos y en paz.

Beneficios de la meditación en el estado emocional y mental

Cuando tenemos una enfermedad, no solo sufre el cuerpo, nuestra mente y emociones con frecuencia están afligidas. Por lo tanto, además de requerir alivio en el cuerpo, también necesitamos consuelo para nuestra mente y emociones. Vivimos temerosos de la enfermedad, de lo que nos sucederá, de cómo viviremos con una discapacidad o limitación física, que pasará con nuestro trabajo y familia, y cómo cubriremos los gastos médicos. Hay psiquiatras, psicólogos, trabajadores sociales y asistentes médicos entrenados para aliviar el miedo a nivel mental. Existen muchas técnicas para ayudarle a la gente con sus temores concernientes a su salud física. Numerosos libros tratan sobre la salud mental y su curación. Muchas personas organizan seminarios para el manejo del dolor por medio del desarrollo de habilidades a nivel mental y emocional. Estas nos ayudan a tener tranquilidad en estos aspectos. La meditación puede complementar las diversas formas de terapia que usa la gente para sanar el dolor emocional. A medida que las personas trabajan en sus problemas emocionales, con la guía de especialistas entrenados, también pueden mejorar su sanación por medio de la meditación.

La meditación ayuda a disminuir el dolor emocional de varias maneras. Al elevarnos sobre el cuerpo, vemos nuestra vida desde un punto de vista más claro. Comenzamos a reconocer las raíces de nuestros dolores. Muchas personas ni siquiera son conscientes de por qué se sienten así. Al elevar nuestra conciencia, nos volvemos conscientes de las causas de nuestro dolor.

En la meditación, entramos en contacto con la fuente de todo amor. La corriente de luz y sonido es de la misma esencia del alma y el Alma Suprema. Esa esencia es amor, conciencia y bienaventuranza. Al entrar en contacto con ella, experimentamos el amor divino. Nos conectamos con el amor de Dios latente en nuestro interior. Se dice: "Dios es amor, el alma es amor, y el camino de regreso a Dios es a través del amor". Quizás no hayamos tenido amor en nuestra niñez y todavía estemos sufriendo por esas heridas, pero contactar el amor divino llena ese vacío con más amor del que hayamos podido imaginar. Podemos darnos una idea de ese amor al leer sobre las experiencias cercanas a la muerte que ha tenido la gente. Ellos describen llegar a la presencia de un ser de luz, quién les irradió más amor del que jamás sintieron en toda su vida. El amor fue tan profundo y pleno, que muchos no querían regresar a su cuerpo. Sin embargo, una experiencia cercana a la muerte apenas toca el límite de las regiones más elevadas. Los santos y fundadores de las religiones que fueron más arriba por medio de la meditación, han relatado en sus escritos el amor sobrecogedor que sintieron. Santa Catalina de Siena se refiere a este como un matrimonio místico con Dios. Los santos y místicos de Oriente hablan de la unión con Dios como un matrimonio eterno con su Amado. Impregnarse de ese amor llena el vacío del corazón. Por lo tanto, la meditación puede ser un proceso efectivo para sanar los dolores emocionales.

Llevar consuelo y paz al cuerpo y la mente de los demás es un trabajo noble. Sin embargo, uno de los regalos más grandes es consolar al alma.

Meditación para el alma

No importa cuán cómodo tengamos nuestro cuerpo físico o lo tranquila que pongamos nuestra mente, no podemos encontrar la paz hasta que logremos el consuelo del alma.

Incluso más doloroso que el sufrimiento del cuerpo físico, de la mente y de las emociones, es el dolor espiritual. Dentro de cada uno de nosotros hay un miedo profundamente arraigado, que no puede ser aliviado por el consuelo físico y mental. En lo profundo de nuestra mente, siempre está el temor persistente que un día moriremos. Cada vez que surge este pensamiento, sentimos temor. Puede que hayamos leído las escrituras que nos dicen que tenemos un alma que no muere, pero nos preguntamos si esto es cierto. En esta época científica, tenemos un elemento de duda a menos que podamos ver por nosotros mismos esas verdades. Mientras tengamos temor, no podemos encontrar paz. El anhelo por Dios ocasiona un sufrimiento más profundo que cualquier otro. San Juan de la Cruz se refirió a este como "la noche oscura del alma". Queremos ver a nuestro Creador, queremos conocer la Verdad suprema y aclarar el misterio de nuestra existencia.

Cuando el anhelo espiritual se apodera de nosotros, comenzamos nuestra búsqueda. Este es nuestro despertar espiritual. Podemos buscar en nuestras religiones. Podemos leer las escrituras, asistir a nuestros lugares de culto y llevar a cabo ritos y rituales. Podemos explorar otras religiones o senderos. Finalmente, cuando analizamos el sendero recorrido por aquellos que encontraron las respuestas - los santos, místicos, fundadores de las religiones y profesores y Maestros espirituales - llegamos a la misma conclusión, la cual señala que el camino está dentro de nosotros y podemos llegar a él por medio de la meditación.

El alivio más grande es la paz del alma. Esto solo puede obtenerse cuando experimentamos algo más allá de este mundo. Eso puede eliminar el temor a la muerte, porque podremos obtener una prueba de los reinos que son nuestro destino final al partir de este mundo. La meditación nos ofrece este camino.

Las experiencias en la meditación son similares a las experiencias cercanas a la muerte pero sin el sufrimiento de estar cerca a la muerte. Una encuesta Gallup de gran escala realizada en 1991 reportó que cerca de trece millones de personas tuvieron experiencias cercanas a la muerte. Permanentemente se han estado reuniendo muchos reportes y relatos revelando que este es un evento que sucede con frecuencia en todo el mundo. Esto confirma los relatos de místicos, profetas, Maestros y santos a través de los tiempos. Se refiere a un poder que podemos contactar cuando dirigimos nuestra conciencia a nuestra parte espiritual. Podemos elevarnos sobre el dolor físico al conectarnos con ese poder que está dentro de nosotros.

Aunque los libros sobre las experiencias cercanas a la muerte o ECM, solo se han publicado desde la década de los años setenta, la gente ha vivido este fenómeno desde hace siglos. Una ECM típica involucra a alguien que ha padecido una muerte clínica debido a un accidente o enfermedad. Ellos se ven flotando sobre su cuerpo, viendo y escuchando todo lo que sucede en la habitación. Algunos ven a los médicos trabajando en su cuerpo. Ven que su cuerpo yace abajo con heridas y traumas, pero ya no sienten ningún dolor físico hasta que regresan a él. Algunos atraviesan paredes y pueden ver y escuchar a sus familiares en la sala de espera o incluso en ciudades distantes. De pronto, sienten que son lanzados a través de un túnel y salen al final de este a un mundo de luz.

Algunos de los que tienen experiencias cercanas a la muerte, se reúnen con un ser de luz que los abraza con un amor tan gratificante, como ninguno de los que han tenido en la Tierra. El ser de luz los ayuda a pasar por una revisión de la vida, en la cual los recuerdos de todos sus pensamientos, palabras y acciones aparecen ante ellos. Quienes experimentan esto dicen que es como ver una película en tercera dimensión, en la cual ellos son tanto el personaje principal como el observador. Podían sentir el efecto que tuvieron sobre otras personas a lo largo de su vida. Si hicieron sufrir a alguien, entonces sintieron su dolor. Si hicieron feliz a alguien, también lo vivieron. Las personas que pasaron por esta revisión de su vida comprendieron que el amor es la contribución más importante en este mundo. Después de la revisión, se les dijo que tenían que regresar a terminar el resto de su vida. Regresaron transformados. Se dieron cuenta de la importancia de ser amorosos y generosos, y cambiaron sus costumbres. Entendieron que nuestras cuentas se miden de acuerdo a la cantidad de amor, de servicio, de sacrificio y bondad, no por nuestro dinero o el alcance de nuestro nombre y fama. Lo que vale es cuánto amamos y nuestra bondad con los demás. Cuando las personas que tuvieron una ECM regresaron, comprendieron que el secreto para hacer del mundo un lugar mejor era el amor. Entendieron su aspecto espiritual.

Cuando meditamos, nos conectamos con una corriente de poder espiritual. Sant Darshan Singh Ji Maharaj dijo en un verso:

Mientras bebes este Néctar (Divino), olvidas las tristezas de la vida
y los sufrimientos del mundo
Y tarareas canciones de belleza y amor.

Pasar un tiempo adecuado en meditación nos pone en contacto con un néctar interno. Este poder espiritual nos ayuda a olvidar nuestras tristezas.

La meditación nos eleva a reinos donde encontramos las respuestas a nuestras preguntas espirituales. Vamos a aquellas regiones que nos esperan cuando dejemos este cuerpo físico en el momento de la muerte. La muerte ya no nos llena de temor porque vemos que esta conlleva bienaventuranza, dicha y amor.

Nos vemos a nosotros mismos como almas, y sabemos que somos gotas del Alma Suprema. Nos volvemos conciencia total. Es en ese estado que nuestra sed espiritual es saciada. Ya no anhelamos amor, nos convertimos en el amor.

La meditación para mejorar la salud de los médicos

Con frecuencia los médicos trabajan sin parar. Ellos deben comenzar a pensar en sí mismos. El cuerpo, la mente y el espíritu necesitan tiempo para reagruparse. Necesitan descansar y crear un momento y un espacio sagrado para ellos. Deberían reservar ese momento a toda costa y usarlo de la mejor manera.

¿Qué podemos hacer en ese tiempo para darnos un verdadero descanso? La meditación puede recargarnos. Durante la meditación el cuerpo está quieto. La frecuencia cardíaca disminuye. Nuestro cuerpo necesita ese momento de relajación. En la meditación, los pensamientos agitados se detienen durante unos minutos. Cuando nuestra mente está tranquila, el alma se siente feliz.

Una hora de meditación puede darnos tanta relajación como cuatro horas de sueño. Por lo tanto, quince minutos de meditación durante nuestra pausa en el trabajo puede darnos el rejuvenecimiento de una hora de sueño. Imaginen una hora de siesta en la mitad de nuestro día. La meditación nos da ese rejuvenecimiento.

Deberíamos considerarla como una parte de nuestros deberes. Esos quince minutos son un tesoro. Sin esta, nos exigimos más allá de nuestra capacidad. Necesitamos darnos una oportunidad para regresar a nuestro equilibrio natural.

Existe una energía que nos sana. Este es un poder sanador conocido como la corriente de luz y sonido. Todas las religiones del mundo la mencionan con diferentes nombres. Por medio de la meditación, entramos en contacto directo con esta corriente y cosechamos sus múltiples beneficios.

Al sumergirnos en nuestro interior, entramos en contacto con la corriente sanadora.

Los Maestros de *Sant Mat* o Ciencia de la Espiritualidad utilizan una meditación en la luz y el sonido internos que le da paz al alma. El propósito principal de esta meditación es ayudarles a las personas a encontrar las regiones espirituales internas. Existe algo más allá. Somos almas, viviremos después del deceso de nuestro cuerpo. Cada persona puede disfrutar una experiencia directa del más allá. Esta es una técnica no confesional practicada por personas de todas las creencias religiosas, culturas y trasfondos. Está disponible para todos. Los Maestros espirituales han venido en todos los tiempos para ayudarnos a experimentar las regiones más allá de esta región física.

Este viaje espiritual nos lleva a través de los diferentes niveles de las regiones internas. Hay una región astral llena de más luz que este plano físico. Allí viajamos en un cuerpo más liviano conocido como cuerpo astral. Hay paisajes y colores hermosos que no se ven en la Tierra. La región causal es aún más etérea, más sutil, más llena de bienaventuranza y más amorosa. Contiene partes iguales de materia y conciencia. Después está la región supracausal, en la cual predomina la conciencia con una pequeña cantidad de ilusión. Finalmente, existe la región de puro espíritu, sin ninguna traza de materia. Es aquí que nuestra alma se funde en el Poder Superior, llamado por muchos nombres en las diferentes culturas, y se vuelve una con lo Divino. Aquí comprendemos que nuestra alma es de la misma esencia de Dios y es una parte de Dios. En este estado, obtenemos la inmortalidad, la paz permanente y el amor divino que no conoce fin. Podemos llegar a cada uno de estos estados por medio de la meditación en la luz y el sonido internos o meditación *Shabd* como la enseñan los Maestros de *Sant Mat.*

En las regiones internas no existe la enfermedad ni el sufrimiento. Una vez alguien puso un anuncio en el periódico que decía: "Se vende casa en el cielo. No hay que pagar hipoteca. No tenemos que preocuparnos por las facturas de la luz y el gas. Hay luz todo el tiempo. Su casa es gratis y está libre de deudas, por lo que no tiene que trabajar para sostenerse. En el entorno hay felicidad y dicha permanente. No hay que pagar impuestos. No hay impuesto a la muerte porque allá no existe la muerte. El precio de la casa es: ¡gratis!".

Para asegurar nuestro lugar en estas regiones internas, necesitamos meditar todos los días. Al aquietar nuestra mente, podemos presenciar la luz y el sonido internos. De esta forma, perdemos el temor a la muerte. A cualquier hora del día o de la noche viajamos a las regiones espirituales que esperan por nosotros. Superamos nuestro miedo a la muerte porque vemos la vida que nos espera más allá. Las personas que han tenido experiencias espirituales del más allá no le temen a la muerte porque conocen la bienaventuranza que les espera.

La meditación *Jyoti* puede recomendarse fácilmente a los pacientes, familias o amigos para complementar el tratamiento médico. Para esta práctica de meditación, encuentren una posición cómoda, en la cual puedan sentarse por el mayor tiempo sin ser molestados. Cierren sus ojos muy suavemente, como lo hacen cuando van a dormir. Con los ojos cerrados, fijen su mirada en un punto a unos 25 o 30 centímetros al frente. Mientras miran de forma amorosa y penetrante en la mitad de lo que vean al frente con los ojos cerrados, repitan cualquier nombre de Dios con el que se sientan cómodos. Este nombre debe repetirse mentalmente con la lengua del pensamiento. Esta repetición evitará que su mente les envíe pensamientos. Mientras repiten este nombre, miren de manera continua en medio de lo que vean al frente. Pueden ver destellos de luz o luces de cualquier color. Quizás vean paisajes internos. Continúen observando lo que vean. Siéntense durante unos minutos y disfruten la paz en su interior.

Esta es una meditación para principiantes. Produce paz y tranquilidad. Los trabajadores sociales, psicólogos o psiquiatras la usan con pacientes para promover la salud mental. Muchas personas que sufren de adicciones han encontrado un alivio a su dependencia al entrar a un lugar de profunda paz y felicidad. Esta se utiliza para ayudar a reducir las enfermedades relacionadas con el estrés, ocasionadas por la tensión de estudiar para pruebas de gran importancia para su empleo o profesión.

Sanando al mundo por medio de la meditación

Cada persona puede convertirse en un instrumento para lograr que se produzca una sanación del planeta. Al volvernos pacíficos en nuestro interior, cuando nuestro sufrimiento físico, mental, emocional, y espiritual se cura, irradiamos esa paz a los demás. Ya no somos una fuente de conflicto, sino su remedio. Ya no volvemos a herir a otros en pensamiento, palabra o acto. Por el contrario, aplicamos bálsamo en sus heridas.

Al elevarnos sobre este mundo por medio de la meditación, vemos la luz de Dios en todo y amamos a toda la creación como la familia de Dios. Nos volvemos un agente de paz y buena voluntad, un embajador del amor. Si cada persona ofreciera su presencia tranquilizadora a aquellos con quienes entrara en contacto, no pasaría mucho tiempo antes que comenzáramos a sanar al mundo de las cicatrices de la guerra y el odio. La paz externa comenzaría a difundirse por todo el mundo.

La solución para todo nuestro sufrimiento y el dolor del mundo no es costosa. Es una solución gratuita, disponible para todo ser humano de este planeta. Al pasar un tiempo diario en meditación, estaremos en contacto permanente con un poder que puede transformar profundamente nuestra vida y la de los que nos rodean.

Pueda ser que al pasar un tiempo diario en meditación entren en contacto con un poder que ofrece una medicina para su alma, transformando su vida y la de quienes los rodean.

Sant Rajinder Singh Ji Maharaj es un Maestro espiritual de meditación en la luz y el sonido internos reconocido a nivel internacional. Es el presidente de la Conferencia de la Unidad Humana y director de Ciencia de la Espiritualidad, una organización no confesional, sin ánimo de lucro, con centros en cuarenta países que ofrece un foro para que las personas aprendan la meditación. Autor de gran éxito en ventas, muchos de sus libros se han traducido a cincuenta idiomas, incluyendo *El poder sanador de la meditación*, *Descubriendo el poder del alma por medio de la meditación* y *La chispa divina*. También tiene muchos CDs, DVDs y cientos de artículos publicados en revistas, periódicos y otras publicaciones, y se ha presentado en televisión, radio y transmisiones por Internet en todo el mundo.

Recibió una Licenciatura Profesional en Ingeniería Eléctrica en el IIT (Indian Institute of Technology), Madras, India, en 1967; recibió un Grado de Maestría en Ciencias en Ingeniería Eléctrica en el IIT (Illinois Institute of Technology), Chicago,

Illinois, en 1970; y fue galardonado con una Beca Especial del IIT. Tuvo una exitosa carrera de veinte años en ingeniería, comunicaciones y tecnología, incluyendo a una de las compañías más importantes a nivel mundial en comunicaciones. Sus logros ampliamente respetados han sentado las bases de muchas de las innovaciones tecnológicas que se han vuelto una parte del uso normal en el mundo actual. Por sus logros en los campos de la paz y la espiritualidad, recibió el Premio de la Distinción al Liderazgo del Illinois Institute of Technology de Chicago, Illinois.

Su trabajo en el campo de la ciencia, la informática y las comunicaciones le han dado la posibilidad de tener un enfoque científico de la espiritualidad. Él hace accesible la ciencia de la espiritualidad y la práctica de la meditación para que las personas la entiendan y practiquen. Lleva a cabo seminarios de meditación, da charlas públicas y preside conferencias internacionales sobre la Integración Humana y el Misticismo Global, presentando su poderosa y sencilla meditación en la luz y el sonido internos a millones de personas en América del Norte, América del Sur, Europa, África, Asia, Australia y Oceanía. También ha expuesto los beneficios de la meditación a médicos de todo el mundo, incluyendo el Instituto Nacional de Salud de Estados Unidos, el instituto científico All India Institute of Medical Sciences, y universidades como las de Harvard, California, Berkeley, IIT de Madras (Chennai), IIT de Delhi, IIT de Mumbai, y en grupos de establecimientos benéficos. Muchos médicos han aprendido su técnica de meditación y la usan con frecuencia con sus pacientes.

Líderes cívicos y religiosos han reconocido su trabajo espiritual y humanitario con numerosos premios y homenajes. Su vida ha sido un hilo continuo de servicio a la humanidad buscando un mundo de paz, unidad y elevación espiritual.

Sant Rajinder Singh Ji Maharaj puede ser contactado en el Kirpal Ashram, Sant Kirpal Singh Marg, Vijay Nagar, Delhi, India 110009; Tel: 91-11-27117100; o FAX: 91-11-27214040; o en el Centro de Ciencia de la Espiritualidad, 4 S. 175 Naperville Rd., Naperville, IL 60563; Tel: (630) 955-1200; o FAX: (630) 955-1205 o visite la página www.sos.org.

PARTE 2

Meditación para la salud física

CAPÍTULO 2

MEDITACIÓN: 25 AÑOS DE EXPERIENCIA EN LA MEDICINA DE ATENCIÓN PRIMARIA

Por Matthew Raider, MD

Introducción

Si bien el concepto de la meditación puede ser nuevo para la ciencia occidental, esta se ha practicado no durante cientos, sino miles de años. En primer lugar, he aquí algunas definiciones operativas que se aplicarán a lo largo de este capítulo.

Espiritualidad: lo relativo al espíritu, la esencia de cada individuo que no es física y por lo tanto no está sujeta al deterioro.

Meditación: el proceso por el cual un individuo centra la atención en un solo punto, en un intento por excluir pensamientos distractores y estímulos externos.

Salud: estado físico y mental de una persona.

Saludable: la ausencia de enfermedad, incluye además el máximo logro a nivel físico y mental de un individuo dado por sus influencias hereditarias y ambientales.

Estrés: un estado de tensión física o mental, una condición emocional perturbadora que se produce en respuesta a influencias externas adversas ya sean reales o percibidas.

Durante la historia, se ha escrito poco acerca de la relación entre la salud y la espiritualidad. Las dos fueron consideradas como polos opuestos donde la salud se refería al cuerpo físico y sus funciones, mientras que la espiritualidad, si es que existiera fuera de las ilusiones, se refería a una entidad diferente a lo físico. El primero era dependiente de factores tales como la edad, la presencia o ausencia de enfermedad, factores ambientales, dieta adecuada y condiciones de salubridad, para nombrar solo unos pocos. Esto determinaría si uno tenía las características de un joven robusto o un anciano débil.

La ciencia comenzó a estudiar esta relación de una manera gradual a través de algunas observaciones acerca de la meditación, la oración y la adaptación psicológica en las personas religiosas. El estudio de los fenómenos cercanos a la muerte a partir de la década de 1970 dio un impulso considerable al estudio y aceptación de los efectos de la meditación y modalidades similares en el campo de la salud.

Práctica clínica

Cuando empecé a ver pacientes en un consultorio médico en 1979, era reacio a hablar acerca de la meditación o las modalidades no tradicionales. Hacía mi práctica en zonas rurales y el concepto de la meditación era bastante desconocido. En 1980, comencé a dar conferencias sobre meditación para el público, calculo que sólo el 10 % de la audiencia tenía algún conocimiento de la meditación como una técnica que puede ser practicada por cualquier persona.

Durante los siguientes veintiséis años, continué practicando algo de medicina general, aunque la mayoría de mis pacientes eran mayores de setenta años, debido a mi especialidad en geriatría. Los consultorios atendían poblaciones desde tres mil personas, hasta una ciudad pequeña de cuarenta mil en el centro del estado de Connecticut, en Estados Unidos.

Perspectivas históricas

La medicina tradicional occidental está centrada en el diagnóstico y tratamiento de las enfermedades, la detección de dolencias comunes, así como algunos aspectos de la prevención de la enfermedad. Es obvio para casi todo el mundo que la explosión tecnológica en el siglo XX dio lugar a grandes avances en el tratamiento médico y quirúrgico de muchas enfermedades. Los tratamientos para las infecciones, las cardiopatías, el cáncer, el asma, la diabetes, la hipertensión, las úlceras y muchas otras, revolucionaron la medicina occidental en comparación con la de hace cien años. En consecuencia, el tratamiento quirúrgico como la cirugía de *bypass*, los trasplantes, la extracción de la catarata y la extirpación del cáncer, por nombrar solo unos pocos, ha salvado millones de vidas y mejorado la calidad de muchas más. Estos avances probablemente llevaron a muchos médicos y científicos a considerar como relevantes solo aquellos tratamientos relativos a la "materia". Los tratamientos que incluían la oración, la meditación, la homeopatía, la acupuntura y otros fenómenos basados en la "energía" fueron relegados a lo irrelevante.

Fisiología de la meditación

A principios de la década de 1960, los médicos y científicos occidentales comenzaron a examinar la meditación desde la perspectiva del análisis. Los doctores Herbert Benson y R. Keith Wallace estuvieron entre los pioneros en este campo.[1] Antes de esto, hubo informes anecdóticos de practicantes de meditación avanzados en India, que podían disminuir notablemente su frecuencia respiratoria.[2] Poco a poco, en la década de 1970 surgió una explicación de la meditación como un estado fisiológico único con sus propias características. Era claramente una condición diferente a un estado de vigilia, reposo, somnolencia, hipnosis o cualquiera de las etapas del sueño.

Las primeras investigaciones corroboraron las observaciones donde los practicantes regulares de la meditación tenían la frecuencia respiratoria y el consumo de oxígeno sustancialmente más bajos.[3] También se han reportado muchos cambios en la respuesta endocrina (hormonal) del cuerpo y se observa que los niveles de cortisol disminuyen en los primeros meses después de aprender a meditar.[4] El cortisol (la cortisona natural del cuerpo) es producido por la capa exterior de la glándula suprarrenal (la corteza) y es la principal hormona que se libera durante el estrés.

Esta lleva a cabo una variedad de funciones que son vitales para la supervivencia. Un hallazgo interesante ha sido que los niveles de cortisol vuelven a la normalidad mucho más rápido en las personas que meditan con regularidad en comparación con las personas que no lo hacen. Todos hemos visto cómo nuestro corazón se acelera cuando estamos nerviosos. Estos mismos investigadores notaron un descenso más rápido al ritmo normal del corazón en los meditadores. Una de las conclusiones razonables de esta primera investigación es que la meditación modifica la reacción de nuestro sistema nervioso simpático en una forma que parece más saludable.

Hay muchos cambios relacionados con la edad en cada órgano y sistema de nuestro cuerpo. Solo unos pocos han sido estudiados de manera sistemática con respecto a su modificación gracias a la meditación. La hormona sulfato de dehidroepiandrosterona (DHEA-S) es producida por la glándula suprarrenal y disminuye a lo largo de nuestra vida a partir de los primeros años de la edad adulta. Un individuo de 80 años tendrá solo una quinta parte de los niveles que tenía a los 20 años. El Dr. JL Glaser y colaboradores encontraron que los practicantes de meditación experimentados, tienen en promedio un nivel de DHEA-S que corresponde a alguien 5 a 10 años más joven.[5]

Los trazos del electroencefalograma (EEG), que analizan la actividad eléctrica del cerebro, han demostrado claramente su alteración. Normalmente, en un estado de alerta, nuestro EEG mostrará un patrón de 12 a 14 picos u ondas agudas por segundo (conocido por los científicos como hercios o Hz). Se observó una proporción mucho mayor de las ondas *alfa* lentas durante la meditación, así como un patrón bastante particular llamado ráfagas *theta*. Curiosamente, las ráfagas *theta* no se observan en reposo o durante el sueño en el trazo de EEG.[6] Se observó que los monjes budistas con prácticas de meditación avanzadas no se inmutaron al oír el sonido de un disparo, mientras que hasta los tiradores expertos se inquietaban.

Una medición del estrés agudo ha sido medir lo que se denomina resistencia de la piel, medida como GSR, que es la base de la prueba del detector de mentiras. Cuando estamos estresados, la resistencia de la piel disminuye. En consecuencia, con excepción de los mentirosos patológicos, la mayoría de nosotros nos estresamos cuando decimos una mentira. El efecto de la meditación fue un incremento notorio en la resistencia de la piel, lo que indica una relajación profunda.[7]

En los últimos años, los estudios han utilizado equipos más sofisticados tales como la resonancia magnética (RM). Investigadores de la Universidad de Wisconsin y de la Universidad de Pensilvania encontraron cambios significativos en el flujo sanguíneo a determinadas zonas del cerebro. La circulación de la corteza disminuye, mientras que el flujo sanguíneo aumenta en el sistema límbico. En algunas áreas del cerebro también hubo una tendencia para que la sangre fluyera del lado derecho al lado izquierdo.

Tratamiento de la enfermedad con la meditación

Poco después de los hallazgos de la investigación sobre la meditación como un estado fisiológico único, era natural que la atención se dirigiera a analizar su uso como tratamiento de enfermedades establecidas. Debido a que la meditación parecía disminuir la intensidad de la respuesta de salida del sistema nervioso simpático, desde el principio se evaluó la hipertensión.

La tensión arterial es, sencillamente, la medición de la presión en las arterias más grandes del cuerpo. Esta depende de la intensidad de las contracciones del corazón (la bomba) y la resistencia que la sangre encuentra en las arterias (los tubos). Con mayor frecuencia, se encuentra que incluso en grados leves la presión elevada parece tener un riesgo adicional para el desarrollo de cardiopatías (obstrucciones de grasa, colesterol y productos sanguíneos en descomposición en las arterias que nutren al corazón), insuficiencia cardiaca (el músculo de bombeo del corazón no puede bombear suficiente sangre), derrames cerebrales y con menos frecuencia, insuficiencia renal. El Dr. Benson, es un cardiólogo cuya investigación sobre la meditación se ha descrito anteriormente. Ha dicho que en la década de 1960, esto habría sido visto como una investigación frívola, por lo que pedía a los sujetos de sus investigaciones que llegaran en las horas cuando su laboratorio estaba libre. Él y el Dr. Wallace descubrieron que al meditar con regularidad, las personas con presión arterial alta podrían aminorar su medida entre 10 a 12 mm de mercurio, que es aproximadamente lo mismo que hace una píldora para la presión arterial.[8] Sus hallazgos han sido replicados por otros investigadores analizando diferentes poblaciones, incluyendo personas jóvenes y sanas, ancianos y otras que sufren de frecuencia alta y complicaciones de la hipertensión. Un estudio reciente realizado por el Dr. RH Schneider publicado en la reconocida revista *American Journal of Cardiology* descubrió que la práctica de la meditación disminuyó la tasa de mortalidad general en un 23 % en personas mayores con presión arterial alta. La consecuencia de la adopción generalizada de la práctica de la meditación en los pacientes hipertensos y con presión arterial al límite es asombrosa. Si la mayoría de los individuos con hipertensión meditaran, podrían reducir su uso de medicinas en cerca de una píldora. Desde una perspectiva financiera, teniendo en cuenta la epidemia de hipertensión en los Estados Unidos y otros países occidentales, de manera conservadora estimaría que anualmente podrían ahorrarse entre cinco mil y ocho mil millones de dólares solo en costos de medicamentos. Con toda probabilidad, la disminución en los costos de salud sería mucho mayor. Si la meditación se convirtiera en una práctica universal de salud, habría un beneficio incalculable simplemente teniendo en cuenta la reducción de la presión arterial en los muchos individuos sin diagnóstico de presión arterial alta o con su presión en el límite de la hipertensión. De hecho, incluso ya hay datos de investigación para apoyar esta hipótesis.[9]

Aunque la mayoría de las personas le temen más a la idea de contraer cáncer que otra enfermedad, la cardiopatía es de lejos, la principal causa de muerte en los Estados Unidos. La forma más común de cardiopatía es la progresión lenta de acumulación de “placa” en las arterias coronarias. Estas son las arterias que llevan la sangre al músculo del corazón. Cuando una de estas arterias se ocluye completamente de forma aguda, uno sufre un infarto al corazón y muere una parte del músculo cardiaco que era alimentado por esa arteria. La mejor esperanza es que se forme una cicatriz sin complicaciones y el corazón se siga contrayendo normalmente. En los Estados Unidos, este proceso parece empezar al final de la adolescencia. En la guerra de Corea, los jóvenes militares mostraron evidencia de formación temprana de placa específicamente en estas arterias. En un importante estudio también publicado en la revista *American Journal of Cardiology*, Zamarra y sus colaboradores demostraron que las personas con obstrucciones lo suficientemente graves en sus arterias coronarias como para causar dolor de pecho (angina) podrían ejercitarse más después de ser "tratados" con meditación.[10]

Como se señaló antes, muchos individuos con y sin hipertensión, con frecuencia desarrollan insuficiencia cardíaca en la mediana edad y en la vejez. El músculo del corazón tampoco se llena correctamente, ya que es rígido (muy frecuente en la hipertensión de larga data) o se vuelve muy débil y no puede contraerse adecuadamente. Con mucha frecuencia, me encuentro con gente que toma entre cinco y siete medicinas para el corazón en un esfuerzo por maximizar el funcionamiento deficiente de este. Uno de los medicamentos a menudo está en la clase de los llamados betabloqueadores. Estos medicamentos actúan en gran parte bloqueando la acción de la adrenalina circulante en el cuerpo. En un estudio publicado en 2005, el Dr. JA Curiati y colaboradores mostraron que la meditación puede mejorar la calidad de vida en los ancianos con insuficiencia cardíaca avanzada. A favor del lector científico o médico, los inscritos en el estudio estaban tomando la dosis máxima tolerada de carvediol. Él demostró que los pacientes tenían niveles bajos de norepinefrina (parecido a la adrenalina). Invito a mis colegas médicos a examinar el documento ya que todas las personas en el estudio ya se encontraban en un nivel máximo de terapia farmacológica.[11] Definitivamente hay un sesgo en el campo de la medicina actual para usar los fármacos y la cirugía como modalidades principales de tratamiento. Si la meditación viniera en una píldora (¡llamémosla "Vitamina M"!), ya estaría casi universalmente prescrita por los cardiólogos basados en los estudios de los doctores Zamarra, Curiati y Schneider. Así como casi todos los pacientes coronarios toman aspirina por sus efectos en la prevención de coágulos e infartos, sería maravilloso ver formulada de la misma manera a la "Vitamina M".

El dolor crónico puede ser el resultado de una variedad de condiciones y demasiadas personas lo adolecen. En mi práctica clínica actual, que solo incluye a personas mayores frágiles, estimaría que el 60 % padece de dolor crónico para el que se prescriben medicamentos de dosis diaria. La meditación no se ha estudiado de forma sistemática por sus beneficios potenciales en una población mixta de individuos con diferentes causas de dolor crónico. Un estudio examinó personas que sufren de una enfermedad crónica llamada fibromialgia. Este es un síndrome particularmente difícil de tratar con las modalidades tradicionales de medicamentos. Está compuesto por una tríada de dolor crónico difuso, fatiga e insomnio. En la experiencia de la mayoría de los médicos incluyéndome, los analgésicos habituales, ya sean suaves o muy fuertes tienen un triste récord en el alivio de los síntomas. En un estudio de investigación de calidad excepcional, el Dr. Kenneth Kaplan y sus colegas de la Universidad de Boston y la Escuela de Medicina Tufts inscribieron a 77 personas que cumplían con los criterios estrictos para la fibromialgia. Después de un programa de diez semanas de meditación, un poco más de la mitad de los inscritos reportó mejoría. Este es un resultado fantástico que debería ofrecer algo de esperanza a las personas con dolor crónico. Desde el punto de vista de la investigación, sin duda se deberían tener estudios más grandes para ver si estos resultados pueden generalizarse a una población más grande.[12]

Con frecuencia me preguntan si la meditación puede beneficiar a las víctimas del cáncer. Esta es un área donde todavía no se han llevado a cabo pruebas clínicas rigurosas. Se cuenta con varios estudios de observación, que sí tienen algún mérito. En un estudio importante publicado en la revista *The Lancet* (la revista médica más citada en Reino Unido) en 1989, el Dr. David Spiegel reportó sus hallazgos con un grupo de mujeres con cáncer de seno terminal. Como psiquiatra, el Dr. Spiegel se reunió en grupo con las mujeres dos veces por semana y les enseñó una técnica de meditación para la relajación. Él admitió que estaba sorprendido por todo el tiempo que estas mujeres sobrevivían. Después que los datos fueron analizados, se encontró que el grupo de mujeres vivió en promedio 18 meses más de lo que se había pronosticado.[13] De nuevo, si se pudiera embotellar la "Vitamina M" quizás sería formulada universalmente por los oncólogos. Además, en el estudio del Dr. RH Schneider en el *American Journal of Cardiology*, se observó inesperadamente que hubo una disminución de 49 % en la mortalidad por cáncer en un promedio de siete años aproximadamente. Hoy en día, muchos grandes centros de tratamiento del cáncer adoptan la meditación y otras técnicas de relajación como modalidades eficaces.

Hay un gran número de informes anecdóticos que reportan que la meditación ayuda en diversos trastornos de la piel. Esto es posible desde el punto de vista que las emociones y el estrés ciertamente podrían desempeñar un papel en las enfermedades crónicas más comunes de la piel como la psoriasis, el eczema y el acné. Hay pocos estudios y los científicos no consideran que los casos reportados remplacen las pruebas concluyentes por investigaciones. En un excelente estudio participaron pacientes con psoriasis lo suficientemente grave como para ser tratados en una cabina de luz. Esta modalidad implica poner a una persona semidesnuda en una cabina caliente y ruidosa mientras es irradiada con determinadas frecuencias de luz ultravioleta. Durante el proceso el Dr. A. Relman y sus colegas pusieron a meditar a la mitad de sus pacientes. Sus hallazgos mostraron que el grupo que meditó había tenido una limpieza de sus lesiones cutáneas a un ritmo aproximadamente cuatro veces mayor con respecto al grupo de control.[14]

Hay una gran cantidad de datos científicos con respecto a los beneficios de la meditación en los trastornos de salud mental. Esto se analiza en detalle en otra parte de este volumen. Basta con decir que la meditación puede ser una modalidad eficaz para el tratamiento de dolencias comunes como la depresión, el trastorno de ansiedad generalizada, la ansiedad con pánico y el manejo de la ira. Muchos de nosotros recordamos que de alguna manera la depresión perdió su estigma con el lanzamiento del medicamento Prozac hace unos veinte años. Los médicos de atención primaria estaban dispuestos a recetarlo debido a que su reseña de efectos secundarios es mejor en comparación con medicamentos más antiguos, y los pacientes encontraron que se sentían mucho mejor. En este caso es probable que la recomendación entre los círculos sociales fuera mucho más poderosa que cualquier publicidad de la compañía farmacéutica. El Prozac fue el primero de los fármacos de una clase llamada inhibidores selectivos de la recaptación de la serotonina. En otras palabras, esto significa que la droga funciona en parte desacelerando el proceso mediante el cual las células cerebrales retiran serotonina, una sustancia química del cerebro. Esto se traduce en mayores niveles de serotonina en ciertas células cerebrales. La teoría biológica de la depresión, sugiere que una variedad de factores diferentes pueden desencadenar niveles bajos de serotonina en el cerebro. Estos pueden involucrar estrés severo, la pérdida de seres queridos, factores hereditarios y muchos otros. En un momento determinado, los médicos se refieren a un trastorno depresivo mayor en el cual el cerebro claramente tiene los niveles alterados de ciertos químicos del cerebro. Este se caracteriza por un mal estado de ánimo, pérdida de apetito, alteraciones del sueño, mala concentración, falta de interés, sentimientos de culpa, falta de energía, lentitud física y mental y pensamientos de muerte. Desde un comienzo, y en los estudios que se han verificado, se encontró que los individuos tenían mayores niveles de serotonina en el cerebro después de meditar.[15] Entonces no es un secreto que la meditación puede ser eficaz para el tratamiento y la prevención de la depresión.

Estrés

El tratamiento completo sobre este tema requeriría de todo un gran volumen. La investigación sobre el estrés y su tratamiento presenta algunos problemas metodológicos. Por ejemplo, ¿cómo se puede definir o incluso medir el estrés? Los investigadores pueden medir fácilmente la presión arterial, el pulso, el colesterol, el azúcar en la sangre, los índices de cardiopatías, el cáncer y la muerte. ¿Cómo medimos el número de personas que se ven afectadas por el estrés y qué tan grave es? Aunque imperfecta, consideremos la definición práctica que se da en la introducción de este artículo. Mi argumento es que el estrés juega un papel importante en la mayoría de las enfermedades de hoy y su reconocimiento y tratamiento será un reto importante en el siglo XXI. Dado que parece que vamos camino a una crisis financiera importante en el área de la salud durante los próximos veinticinco años, el avance puede ser direccionado por el aspecto económico.

Imagine que se encuentra en una situación de vida o muerte. Como mamíferos, nuestro cuerpo está programado para tener una reacción física de máximo estrés. Grandes cantidades de adrenalina, cortisol y otras hormonas se segregan de nuestra glándula suprarrenal para actuar en determinados órganos de nuestro cuerpo. Es probable que hayamos notado que nuestro corazón se acelera, nuestra boca se seca y estamos hiperexcitados. Estamos listos para "pelear o huir". Probablemente esta respuesta le ha servido bastante bien a los mamíferos, incluidos los humanos, durante millones de años. Podemos imaginar las numerosas circunstancias en las cuales la necesidad de estar preparados a nivel físico y mental ayudaron tan solo para sobrevivir.

Ahora, avancemos rápido a la era moderna. Con frecuencia cada semana y probablemente todos los días estamos expuestos a tensiones que no son de vida o muerte. En lugar de una liberación masiva de hormonas debido a una emergencia, estamos recibiendo las pequeñas sacudidas de niveles más elevados que los deseables de cortisol, adrenalina y otras hormonas. Estos niveles elevados producen un daño latente durante meses, años y décadas. De manera simplista, observen lo que le sucede a las personas que han tomado grandes dosis de cortisona (similar al cortisol natural) durante años. La cortisona era promocionada como la cura para la artritis hace varias décadas hasta que los efectos secundarios se hicieron evidentes. A menudo las personas desarrollan una cara de luna llena, diabetes, obesidad central (barriga y pecho grande con brazos y piernas pequeños), fragilidad ósea, debilidad muscular y otros efectos nocivos.

Todos hemos observado lo que los investigadores han demostrado sobre el estrés a corto plazo: que somos más propensos a sufrir accidentes, infecciones y falta de concentración. Durante un período de tiempo más largo, muchas enfermedades parecen estar relacionadas de manera causal con el estrés elevado. Muchos estudios, incluyendo la práctica clínica del autor, sugieren que el estrés es responsable de más de la mitad de las visitas a la consulta de los médicos de atención primaria. Mientras que es difícil establecer con certeza la prueba, una lista "parcial" de trastornos incluiría alcoholismo, alergias, trastornos de ansiedad, asma, cáncer, síndrome de fatiga crónica, dolor crónico, estreñimiento, depresión, trastornos alimenticios, dolores de cabeza (incluyendo migraña), cardiopatías, brotes de herpes, presión arterial elevada, impotencia, colon irritable, úlcera péptica, trastornos del sueño y enfermedades relacionadas con el tabaquismo. ¡Toda una lista! Apenas el año pasado, la enfermedad de Alzheimer se añadió a esa lista. El Dr. Robert Wilson y sus colaboradores del Rush Medical Center en Chicago encontraron que aquellos que calificaron muy alto sus niveles de estrés cayeron en la enfermedad de Alzheimer 2,4 veces con más frecuencia en comparación con aquellos con bajos niveles de estrés.[16] Después de ver personalmente más de mil pacientes con la enfermedad de Alzheimer (y sus familias), no hay duda que esto amerita nuestros esfuerzos para minimizar el riesgo de contraerla. La mayoría de las familias que han enfrentado esta condición preferirían mucho más el cáncer a la enfermedad de Alzheimer, llamada por los ingleses "falla cerebral".

A lo largo de las últimas décadas se ha hecho gran parte de la investigación sobre los efectos de la meditación en el estrés. Algunos estudios se llevaron a cabo con estrés inducido en el laboratorio como por ejemplo tener a las personas expuestas a pitos muy fuertes en intervalos irregulares. Tal vez el estrés artificial de laboratorio más creativo se llevó a cabo cuando a dos grupos del mismo número de personas, uno de practicantes de meditación experimentados y otro con personas de control, se les pidió ver unas películas. Se les dijo que iban a ver cómo la gente aprendía carpintería y el experimento era medir las diferentes hormonas en los sujetos mientras veían las películas. Los investigadores no les dijeron que en realidad estaban viendo a un grupo de hombres y mujeres expertos en trucos, en un taller de carpintería simulado. Las personas del estudio vieron a hombres y mujeres con los dedos, las manos, los brazos y las piernas cortadas por poderosas máquinas del taller, lo que los "estresó". Este estudio y muchos otros encontraron que la meditación tenía una marcada atenuación de la "respuesta al estrés" y que los diferentes parámetros medidos, tales como el pulso, los niveles de cortisol, de presión arterial y la adrenalina, volvieron al nivel inicial mucho más rápidamente.

Recientemente, uno de los procesos biológicos acerca de cómo la meditación combate el estrés, fue apoyado por evidencia preliminar. El óxido nítrico (NO) es un compuesto natural producido en el cuerpo a través de algunas reacciones complejas. El Dr. DH Kim y sus colegas encontraron niveles más elevados de producción de óxido nítrico en los practicantes de meditación. Se cree que esta reacción es uno de los mecanismos por medio de los cuales se puede prevenir el daño físico causado por reacciones de oxidación.[17]

Antes y ahora

Reconozco que hace más de veinticinco años, de alguna manera me avergonzaba "prescribir" la meditación. Yo era un ávido participante en la práctica de la meditación, pero muchos de mis colegas y mis pacientes pensaban que el concepto era extraño. Como era un médico ocupado, era imposible llevar a cabo investigaciones rigurosas. De veinte pacientes quizás lograba hablar con uno acerca de los posibles beneficios de la meditación. Elegí personas cuyo estrés los estaba afectando mucho. Durante 1986, nunca supe de una sola persona que meditara con regularidad por recomendación mía. En el año 2006, me retiré parcialmente dejando mi consulta privada para concentrarme en enseñar y practicar la medicina familiar. En los últimos años de práctica, podía hablar libremente con cualquiera sobre la meditación. Aproximadamente el 80 % de los pacientes de mi consulta tenían más de setenta años. El concepto de la meditación se ha vuelto tan corriente que resulta fácilmente aceptado por casi todos. Como más de la mitad de mis pacientes tenían trastornos relacionados con el estrés, me resultaba natural hablar sobre la meditación como una recomendación más al igual que dejar de fumar, el manejo de la alimentación o la prescripción del ejercicio. El principal inconveniente fue que la mayoría de las personas informaron que estaban demasiado ocupadas para practicarla. Aproximadamente entre el 10 y el 15 % de mis pacientes hacia el final de mi consulta privada afirmaron haber practicado alguna técnica de meditación.

Preguntas frecuentes

Después de haber dado unos cuantos cientos de conferencias sobre los beneficios de la meditación en la salud en los Estados Unidos y Canadá, el siguiente es un breve compendio de algunas de las preguntas más frecuentes:

Pregunta: ¿En los diversos estudios, hay alguna diferencia en la técnica de meditación que utilizan los pacientes?

Respuesta: Esta es una excelente crítica de la investigación. En los diversos estudios en este capítulo y en otros lugares, de hecho hay algunas diferencias en el estilo de meditación, el tiempo diario dedicado a esta y durante cuántos años han estado meditando las personas. Está claro que es un "defecto" importante al intentar estandarizar este tipo de investigación. Esto también es cierto en casi toda la investigación en el área del estrés como ya se ha mencionado. No creo que esto disminuya el valor que han aportado estos estudios en términos que muestran claramente los beneficios de la meditación. Se trata principalmente de un problema de la cantidad de reducción de la enfermedad, disminución de riesgos y la longevidad potencial que está produciendo.

Pregunta: ¿Podría obtenerse el mismo beneficio por medio de la bioretroalimentación o escuchando música?

Respuesta: Es claro que la meditación tiene su propia fisiología y trazados de las ondas cerebrales. Estos efectos no se observaron durante otras prácticas tales como la relajación, la bioretroalimentación o la hipnosis. No es común comparar las técnicas directamente en los estudios, pero estoy muy impresionado por los estudios sobre la hipertensión arterial. Como se ha señalado, varios estudios mostraron una reducción sustancial de la presión arterial en quienes continúan meditando, lo cual era varios años en algunos casos. La bioretroalimentación parecía disminuir la presión arterial en el laboratorio, pero para las personas era más difícil poderlo reproducir de forma continua.

Pregunta: En el pasado, la gente meditaba ya sea para descubrir la conciencia o para encontrar a Dios. ¿Qué investigación existe para apoyar cualquier noción de la conciencia o espíritu?

Respuesta: Ningún experimento de laboratorio podrá responder eso con certeza. Sin duda hay pruebas fiables que señalan que cada individuo está dotado de una esencia no física que puede sobrevivir a la muerte del cuerpo. Permítanme describir una experiencia de hace muchos años, poco después de recibir mi título de médico. Estaba trabajando un sábado y hacía rondas en mi hospital local. El paciente era un hombre de unos sesenta años que había estado en el hospital durante cinco días. Había sufrido un ataque al corazón y luego un paro cardíaco mientras estaba en la sala de emergencias. La reanimación fue un éxito y él quedó libre de complicaciones desde entonces. Entré en su habitación y me presenté. Después de una larga pausa, me dijo que había dejado su cuerpo, pero no le había contado a nadie hasta ahora. Dijo que sabía que esta era un área en la que yo estaba interesado. Recordaba todo y había observado que los médicos y las enfermeras trabajaban en él mientras flotaba en el techo. Podía describir en detalle cómo el equipo médico trabajó y lo que otros decían. Él dijo: "Por primera vez en mi vida me di cuenta que este cuerpo que tengo es solo un vehículo que transporta mi verdadero yo".

Como esta conversación tuvo lugar en 1980, este hombre temía contárselo a alguien, ya que podría haber sido llevado a la unidad de psiquiatría a pesar de estar estable desde el punto de vista médico. Miles de veces se han relatado recuentos similares. Existe una evidencia médica clara y creíble que sugiere la existencia de una entidad (conciencia) que puede funcionar de manera independiente del cuerpo humano. Soy muy aficionado a los últimos escritos del Dr. Wilder Penfield, el padre de la neurociencia moderna. Después de pasar cincuenta años llevando a cabo una intensa investigación sobre el cerebro, concluyó: "La mente tiene energía. La forma de esa energía es diferente a los potenciales neuronales que recorren las vías axonales. Solo les puedo decir eso".[18]

Pregunta: Soy muy nervioso y me cuesta trabajo sentarme quieto. Parece que mi mente viaja a un millón de millas por hora todo el tiempo. No siento que lo mío sea la meditación. Además el pensamiento de "no hacer nada" es desconocido para mí. ¿Existe algo más que pueda ayudarme?

Respuesta: Si bien hay muchas técnicas de relajación, la investigación sugiere que la meditación tiene los efectos más potentes sobre el cerebro y la química del cuerpo. Para alguien como usted, yo vería la meditación como un ejercicio. Cuando una persona empieza a hacer ejercicio, lo siente pesado al principio. Después de unas semanas, la mente parece tener el hábito del ejercicio y se quejará si pierde su rutina de ejercicios. Como la mente se habitúa, creo que si empieza a meditar, incluso por tres minutos al día para empezar, eso sería el comienzo de un hábito. Cada cierto tiempo, puede agregar un minuto. Dentro de unos meses, podría estar meditando una media hora cada día. Muchas personas con su estructura mental informan que después de adoptar el hábito de meditar con regularidad, sienten que algo está mal si pierden su período de meditación y han reportado tener una nueva sensación de tranquilidad.

Pregunta: He tratado de meditar, pero simplemente no tengo tiempo. ¿Qué me sugiere?

Respuesta: Muchas personas tienen esa idea antes de empezar a meditar. Muchas veces durante mi formación médica estuve muy ocupado. En la facultad de medicina tuve como prioridad empezar cada día meditando durante dos horas. Encontré que mi concentración mejoró y asimilaba y retenía el material científico más rápidamente de lo que antes podía. Esto fue en 1975, años más tarde la investigación ha corroborado la mejora en algunas áreas de la función cerebral. Creo que usted notará que tiene más tiempo al practicar la meditación.

Directrices para el futuro

Creo que se está dando un cambio de paradigma en la medicina, aunque sea lentamente. Vimos una explosión de conocimientos médicos en el siglo pasado. Los retos futuros pueden llegar a ser diferentes a descubrir unas píldoras nuevas o al perfeccionamiento de una técnica quirúrgica. Con toda probabilidad, nos enfrentamos a una crisis financiera en el área de la salud. Mientras la población del "*baby boom*" (los nacidos inmediatamente después de la Segunda Guerra Mundial) alcanza plenamente su jubilación, actualmente estamos mal preparados en muchas áreas para enfrentarla. La meditación tiene el potencial de ahorrar decenas de miles de millones de dólares por año y cientos de miles de millones en el futuro.

Es probable que la investigación sobre la meditación y otras formas de medicina florezca. El público está muy interesado en los nuevos medios para mantener la salud y combatir la enfermedad. La meditación parece ofrecer muchos beneficios no alcanzables por el enfoque de la medicina convencional. Así como el ejercicio regular no tiene ningún sustituto, la investigación debe producir resultados similares sobre la meditación y ampliar la base actual de conocimiento. El estado actual de nuestro conocimiento de la ciencia del cerebro tiene que ser considerado todavía en pañales. Con certeza, desentrañar los misterios del cerebro contribuirá grandemente a mejorar nuestro conocimiento sobre cómo la meditación reprograma el cerebro de una manera positiva.

La meditación ya es considerada como algo común y corriente. Esta puede y debe prescribirse universalmente por los profesionales de atención primaria y los especialistas. Esta puede ser la píldora "Vitamina M" del siglo XXI. Aunque el fenómeno no se puede explicar completamente de la misma forma en que puede explicarse el funcionamiento de un fármaco, el éxito de la meditación en las investigaciones merece una recomendación fuerte. Veo a los médicos generales recomendando la meditación regular al igual que el ejercicio y el cese del cigarrillo. Los cardiólogos formularán la "Vitamina M" junto con la nitroglicerina y la aspirina. Los psiquiatras pueden llegar a la vanguardia fomentando la meditación para el abrumador porcentaje de sus pacientes.

A veces bromeo que cada día me estoy volviendo más como mis pacientes mayores. Muchas veces cuando me siento adolorido y cansado y me vendría bien tomar una siesta, esto no parece una broma. Imagino que a medida que me hago mayor, mis hijas me cuidarán cada día para ver si me he tomado mis pastillas y he meditado.

Matthew Raider, MD recibió su grado de médico con honores de la Facultad de Medicina de la Universidad de Michigan en 1979. Completó su residencia en Medicina Familiar en 1982, durante la cual se desempeñó como jefe de residentes de 1981 a 1982. El Dr. Raider posteriormente coordinó el plan de estudios de geriatría para la Residencia de Medicina Familiar de Middlesex en Middletown, en el estado de Connecticut en Estados Unidos, donde se desempeña actualmente. Tuvo un cargo en la Facultad de Medicina de la Universidad de Connecticut a finales de la década de 1980 en el Departamento de Medicina Familiar y Comunitaria. El Dr. Raider sigue enseñando a médicos residentes, así como a estudiantes de medicina y profesionales de enfermería, basándose en una amplia experiencia de más de 150.000 consultas con pacientes en un período de 30 años. El Dr. Raider también tiene una amplia experiencia en el tratamiento de la dependencia del alcohol y las drogas. Fue director médico del Centro de Tratamiento de Rushford en Middletown, Connecticut, durante tres años. Durante ese tiempo, trató a más de 3.000 personas con problemas de abuso de sustancias. Actualmente, es el director médico de los cuatro centros de salud en Connecticut. El Dr. Raider ha mantenido durante mucho tiempo un interés en la meditación, la alimentación vegetariana y el entrenamiento físico de resistencia. Ha estudiado la meditación desde 1975 bajo la guía de Sant Darshan Singh Ji Maharaj y Sant Rajinder Singh Ji Maharaj. Matthew Raider ha dado cientos de conferencias en los Estados Unidos y Canadá sobre los beneficios de la meditación para la salud, la alimentación vegetariana y las experiencias cercanas a la muerte.

CAPÍTULO 3

CÁNCER: CÓMO LA MEDITACIÓN PUEDE OFRECER UN SOPORTE VITAL

Por Saraswati Sukumar, Ph.D. Profesora de Oncología del Programa de Cáncer de Seno Facultad de Medicina de la Universidad Johns Hopkins, Baltimore, MD, EE. UU.

"Usted tiene cáncer". Podría decirse que estas son las palabras más temidas en el mundo moderno, y al escucharlas nos cambian la vida. Pero no se puede negar el hecho que en todo el mundo, más de 12 millones de mujeres y hombres reciben un diagnóstico de cáncer cada año.[1] Solo en el cáncer de seno, cerca de 1.4 millones de casos nuevos se descubren en todo el mundo cada año y mueren cerca de 500.000 mujeres de esa enfermedad.[2] Tan solo en los Estados Unidos más de 2.5 millones son sobrevivientes de cáncer de seno.[3] El número de sobrevivientes sigue aumentando, debido a que las tasas de mortalidad por este cáncer de seno están disminuyendo como resultado de una mejor detección, diagnóstico y tratamiento. Aunque el resto de mi charla se centrará en el cáncer de seno, los axiomas en este fácilmente se aplican a todas las clases de cáncer en adultos.

Se hacen mejoras en el diagnóstico y la atención clínica con rapidez, y a pesar de que estas nunca cumplirán con las expectativas de quienes padecen la enfermedad y de sus seres queridos, como investigadora durante los últimos treinta años, he visto varios avances fundamentales en el manejo del cáncer de seno. Un diagnóstico temprano ha llevado a la detección de la mayoría del cáncer en una fase inicial llamada carcinoma ductal in situ (CDIS), con tasas de curación de por vida de cerca de un 90 %. Mejores métodos de manejo de los efectos secundarios de la quimioterapia han hecho que la experiencia sea menos temible e inquietante. La investigación de laboratorio ha llevado a cabo una mejor comprensión de la causa del tumor a nivel del ADN, y a su vez ha conducido a nuevos tratamientos asombrosos dirigidos a la mutación o cambio específico, para corregirlo o anular sus efectos. Dos ejemplos extraordinarios de cómo la investigación fue fundamental para idear nuevas terapias incluyen el uso del Tamoxifeno o de los inhibidores de la aromatasa para tratar tumores en mujeres con receptores positivos al estrógeno y la progesterona (ER+/PR+), y el uso del anticuerpo Trastuzumab para el tratamiento de los tumores de seno con el gen HER2 avanzado. A medida que el tratamiento para muchos tipos de cáncer mejora cada año, el cáncer está cambiando de una enfermedad aguda a una crónica, como la diabetes o las cardiopatías.

¿Cómo se traduce esto en la cantidad de personas afectadas? Hoy en día, en el mundo hay cerca de 28 millones de sobrevivientes de cáncer de seno.[4] Para ellos, continuar con la vida lo más normal posible, a pesar de su terrible experiencia y el miedo a la recurrencia es una realidad que deben enfrentar. Es necesario sobrellevar y manejar los efectos secundarios a largo plazo de la terapia del cáncer al que se sometió su cuerpo. La supervivencia trae consigo sus propias necesidades y problemas especiales.

Para comprender los conceptos presentados en este capítulo, es necesario entender qué es el cáncer de seno y qué sabemos acerca de sus resultados. El seno se compone de 8 a 20 árboles de conductos, el tronco de cada árbol termina en el pezón. Todo el árbol está revestido por una capa interna de células epiteliales y una capa externa de células mioepiteliales, que funcionan como músculos. La leche se produce en los lóbulos, los cuales se pueden comparar con las flores en el extremo de las ramas, cuando un árbol florece en primavera. En la mayoría de los casos, el cáncer de seno se origina en una capa de células del revestimiento de los conductos de la leche o de los lóbulos que la suministran. El cáncer que se origina en las células que recubren los conductos y se propaga hacia fuera se conoce como carcinoma ductal, mientras que el que se origina en los lóbulos (los extremos) se conoce como carcinoma lobular. La mayoría del cáncer de seno se presenta en las mujeres, pero un número pequeño de hombres también sufren de cáncer de seno.

Varios factores intervienen en la decisión del tipo de tratamiento para el cáncer de seno invasivo. El tratamiento normalmente incluye cirugía, terapia hormonal si los tumores son receptores hormonales positivos, quimioterapia si son receptores hormonales negativos, y radioterapia. La cirugía sola puede producir curación en un gran número de casos. Para generar una mayor probabilidad de supervivencia sin enfermedad a largo plazo, se suelen administrar varios tratamientos de quimioterapia además de la cirugía. La acción principal de la quimioterapia es destruir las células que se dividen rápidamente en cualquier parte del cuerpo. Dado que no solo las células cancerosas se dividen rápidamente, la quimioterapia a menudo causa la pérdida temporal del cabello y trastornos digestivos. La radioterapia se indica especialmente después de la cirugía para conservar el seno, y mejora sustancialmente las tasas de recaída local, y en muchos casos también la supervivencia del paciente. De hecho, las tasas de sobrevivientes en todo el mundo, en general son buenas. En términos generales, más de 8 de cada 10 mujeres que son diagnosticadas con la enfermedad sobreviven al menos durante 5 años.

Para comprender los avances hechos en la terapia y en el tratamiento del cáncer de seno, debemos examinar brevemente su historia. ¿Cuán temprano en la historia se describió el cáncer de seno por primera vez? ¿Cuáles fueron los tratamientos utilizados? ¿Cuánto hemos avanzado? La descripción más antigua del cáncer fue la del cáncer de seno en Egipto y data aproximadamente del año 1600 AC. El Papiro de Edwin Smith describía 8 casos de tumores o úlceras de seno, que fueron tratados con cauterización afirmando que no había un tratamiento para la enfermedad. Pasaron siglos sin ningún tipo de innovación en el tratamiento. Sin embargo, cuando los médicos lograron entender mejor el sistema circulatorio en el siglo XVII, pudieron establecer una relación entre el cáncer de seno y los ganglios linfáticos de la axila, lo que permitía que las células tumorales escaparan hacia el resto del cuerpo. Esto condujo a la extirpación de los ganglios linfáticos, el tejido mamario y los músculos pectorales subyacentes, por parte del cirujano francés Jean Louis Petit (1674-1750) y más tarde por el cirujano escocés Benjamin Bell (1749-1806), obra que fue continuada por William Stewart Halsted en el Hospital Johns Hopkins en 1882.

La mastectomía radical de Halsted solía incluir la extracción de los dos senos, los ganglios linfáticos asociados y los músculos pectorales subyacentes, ocasionando dolor y discapacidad a largo plazo. Las tasas de supervivencia a veinte años fueron solo del 10 % antes de la llegada de la mastectomía radical de Halsted; esta cirugía elevó la tasa al 50 %. Durante casi 90 años, la mastectomía radical siguió siendo la norma, hasta que se desarrollaron procedimientos más controlados llamados tumorectomías, los que probaron ser igualmente efectivos. La quimioterapia moderna se desarrolló después de la Segunda Guerra Mundial. Una serie de fármacos quimioterapéuticos, tales como doxorrubicina, ciclofosfamida, 5-fluorouracilo, derivados del platino y taxoles son de uso común. Se utilizan hoy en día el tamoxifeno y los recientemente desarrollados inhibidores de la aromatasa para el cáncer de seno ER+, y el Trastuzumab para los tumores HER2+.

Un diagnóstico de cáncer está acompañado por el miedo y el estrés, desde el principio hasta el final de una terapia exitosa y más allá de ella. Una mayor conciencia de este hecho ha llevado a terapias mente-cuerpo, como complemento del tratamiento convencional del cáncer, y cada vez más pacientes recurren a estas intervenciones para el control del estrés emocional asociado con el cáncer. Estudios sobre las terapias mente-cuerpo, los cuales incluyen meditación, terapia de relajación, yoga y taichí para nombrar algunos, han demostrado que reducen el dolor, la ansiedad, el insomnio, la náusea anticipatoria, y las náuseas relacionadas con el tratamiento y los sofocos, y además mejoran el estado de ánimo. Los oncólogos recurren a estudios de investigación que aporten pruebas convincentes para que esto sea algo que recomendarían a sus pacientes.

Un creciente número de estudios bien diseñados, en verdad han comenzado a proporcionar pruebas claras de que las técnicas de cuerpo y mente son complementos que ayudan al tratamiento del cáncer. Como concluyó un artículo[5] en la revista *Journal of the National Cancer Institute*: "Los médicos están buscando elementos para ayudar a sus pacientes" y los estudios ya facilitan el uso de la meditación, el yoga y el ejercicio en la oncología convencional.

Una cosa es cierta. Tener cáncer de seno cambia su vida. No solo altera su apariencia física, aún más importante, cambia su forma de pensar acerca de la vida. El miedo a la recurrencia y a la muerte ocupa un lugar preponderante. Del 22 al 50 % de los sobrevivientes de cáncer de seno cumplen con los criterios para un diagnóstico psiquiátrico de depresión. La ansiedad es lo más drástico: comienza desde el momento del diagnóstico y dura toda la vida. Los sobrevivientes de cáncer normalmente expresan impotencia, pena profunda, miedo, ansiedad y pérdida de autoestima y de aceptación de sí mismos. Hay muchas fuentes potenciales de angustia que se presentan después que las mujeres reciben un diagnóstico de cáncer de seno, que incluyen el mismo diagnóstico, la predisposición al sufrimiento, los regímenes pesados de tratamiento, la dificultad para hacer frente a los cambios de vida y adaptarse a la incertidumbre inherente y a la falta de control del cáncer.[6]

La angustia disminuye la calidad de vida y el bienestar de los sobrevivientes de cáncer de seno. La pregunta es: ¿Podemos superar o mitigar los efectos de la ansiedad, así como hacerle frente a la terrible experiencia con ecuanimidad, y a la vez preparar a la mente para optimizar los efectos benéficos, mientras que los efectos debilitantes sean minimizados? La respuesta es cada día más evidente, y es un "SI" rotundo.

No hay duda de que la práctica de la meditación es la técnica más eficaz para llevar al cuerpo y a la mente a un estado profundo de relajación, restaurando el equilibrio y permitiendo que comience la curación. Aunque miradas con escepticismo en un principio por la organización médica, hay una creciente convicción de que las terapias mente-cuerpo se deben utilizar como complemento al tratamiento convencional del cáncer.[6] Un número cada vez mayor de pacientes ha acudido a estas intervenciones para el control del estrés emocional asociado con el cáncer. El financiamiento para la investigación ha permitido que muchas de esas intervenciones sean evaluadas para determinar su eficacia. Entonces, ¿existe una conexión entre el estado de ánimo estresado y el estado fisiológico del cuerpo? ¿El cambio de uno de ellos puede alterar al otro?

La evidencia que conecta el estado de ánimo y sus efectos sobre el estado fisiológico del cuerpo es incontrovertible. En pocas palabras, cuando nuestro cuerpo está expuesto a un estrés o amenaza repentinos, respondemos con la reacción típica de "pelear o huir". Las hormonas epinefrina (adrenalina) y norepinefrina se liberan de las glándulas suprarrenales, dando como resultado un incremento en la presión sanguínea y el pulso, respiración acelerada y aumento del flujo de sangre a los músculos, para permitir que el cuerpo responda en consecuencia.

La mente pasa por un estrés constante en el curso del cáncer de seno. Uno se pregunta: ¿Han diagnosticado con precisión mi cáncer? ¿Estoy recibiendo el mejor tratamiento posible? ¿Cuáles son las mejores opciones de tratamiento? ¿Qué efectos secundarios voy a sufrir durante el tratamiento? ¿Cuáles serán las secuelas? ¿Cuánto tiempo voy a vivir? ¿Cómo va a seguir adelante mi familia? Por último, pero igualmente importante, ¿mi seguro médico cubrirá el tratamiento? El paciente es bombardeado con un exceso de situaciones estresantes. La angustia disminuye gravemente la calidad de vida y el bienestar de los sobrevivientes de cáncer de seno. ¿Cómo se puede manejar esto de modo que la mente pueda preparar al cuerpo para cada situación a fin de beneficiarse al máximo de la terapia?

La meditación está diseñada para provocar reacciones en nuestro cuerpo que anulen los efectos de la respuesta de "pelear o huir". Es un estado de relajación profunda en el que disminuyen la respiración, la frecuencia del pulso, la presión sanguínea y el metabolismo. Se ha demostrado que la meditación combinada con ejercicio reduce el dolor, la ansiedad, el insomnio la náusea anticipatoria, y las náuseas relacionadas con el tratamiento, los sofocos, la presión sanguínea, la frecuencia cardiaca y respiratoria, y mejora el estado de ánimo.[7] La meditación afecta al cuerpo exactamente de forma opuesta a como lo hace el estrés, devolviéndolo a un estado de calma, ayudándole a repararse a sí mismo y previniendo nuevos daños debido a los efectos físicos del estrés. Al protegernos del estrés crónico, la práctica de la meditación permite que la frecuencia cardiaca y respiratoria disminuyan, la presión sanguínea vuelva a la normalidad y se utilice el oxígeno de forma más eficiente. Más importante aún, las glándulas suprarrenales producen menos cortisol, el cerebro envejece a un ritmo más lento y mejora la función inmunológica. También aclara la mente y mejora la creatividad.

La meditación en la luz y el sonido internos que he practicado durante los últimos treinta años, me ha ayudado una y otra vez a llevar la vida con ecuanimidad. A nivel externo parece que nada me estresa: Los requerimientos de la vida familiar o las exigencias interminables al liderar un grupo de investigación sobre el cáncer de seno. Plazos para diferentes subvenciones, informes de progreso, seminarios y presentaciones públicas me enfrentan con firme determinación. Sin embargo, una compañera constante a través de las pruebas, tribulaciones y alegrías ha sido la poderosa reafirmación que proporciona la meditación. Como un amigo me dijo una vez, esta nos da "la fortaleza invisible" o una "pantalla virtual de positividad" a nuestro alrededor que desvía toda la negatividad. Esta técnica de meditación es una ciencia porque los resultados son reproducibles. Si se hace de acuerdo al "protocolo", los resultados siempre son los mismos. La técnica es sencilla. Nos sentamos en un lugar tranquilo, en la posición más cómoda, sin ruidos o contacto corporal que nos distraigan, mientras repetimos un nombre sagrado. Poco a poco perdemos la conciencia de nuestro cuerpo y nos damos cuenta que hay luces de diferentes colores y formas, y melodías armoniosas. Nuestro maestro espiritual nos dice que estos son la luz y el sonido internos que experimentamos cuando retiramos la atención de nuestro cuerpo y de los impulsos que recibe constantemente, la conectamos con nuestro ser interior o alma, y sentimos bienaventuranza.

El nivel de paz que se siente es una experiencia que impregna todos los eventos del día y las interacciones con los compañeros de trabajo y familia, y nos hace volver a meditar fielmente todos los días. Como mi amigo y compañero practicante de la meditación, el Dr. Mark Young, de manera tan hermosa dijo en su capítulo: "Con la conciencia de estar conectados con la Perpetuidad, poco a poco abandonamos el miedo que nos agobia. Comenzamos a vislumbrar que vamos a proseguir, y con ese conocimiento, nos llega el valor y la esperanza".

En conclusión, el misterio de la curación sigue sin resolverse. La serena bienaventuranza que se logra por medio de la meditación, podría ser una herramienta poderosa para restablecer la normalidad en el cuerpo y fortalecer su capacidad para movilizar los mecanismos de autreparación. Una práctica médica que acepte el poder de la meditación como la clave para una curación rápida y que la lleve a la oncología convencional, será la esperanza para el futuro.[8]

Saraswati Sukumar, PhD es Profesora de Oncología y Patología de la cátedra Barbara B. Rubenstein, y es profesora de Postgrado en los programas de Genética Humana, Medicina Celular y Molecular, Farmacología y Biopatología en la Facultad de Medicina de la Universidad Johns Hopkins en Baltimore, MD. Se desempeña como codirectora del Programa de Cáncer de Seno en el Sidney Kimmel Comprehensive Cancer Center. es investigadora principal del Programa Especializado de Excelencia en Investigación (SPORE, por sus siglas en inglés) en Cáncer de Seno en el Instituto Nacional de Cáncer y de la Fundación AVON contra el Cáncer de Seno. La Doctora Sukumar ha trabajado en el campo del cáncer de seno desde 1978. Ingresó a su primera posición en una facultad en el Instituto Salk en La Jolla, California, en 1989, y luego se trasladó al Centro de Oncología de la Universidad Johns Hopkins en 1994 como Profesora Asociada y Directora de Investigación Básica en el recién formado programa de investigación de cáncer de seno. Fue ascendida a Profesora en el año 2001. Es autora de más de 140 publicaciones. Su trabajo de laboratorio abarca todo el espectro desde la investigación básica hasta los estudios preclínicos y llega hasta aplicarse en clínicas. Se inició en la meditación de luz y sonido en 1972.

CAPÍTULO 4

LA MEDITACIÓN EN LA ERA MODERNA

Por Kunwarjit Singh Duggal, MD

"¡Siéntate y quédate quieto!". Estas eran (y son) las palabras de mis padres (Sant Rajinder Singh Ji Maharaj Ji y Mata Rita Ji) que se repitieron varias veces, cada día de mi vida. Esta fue probablemente una de las frases más comunes que escuché al crecer durante mi niñez (es comprensible ya que era un joven muy inquieto). Como quizás hacen la mayoría de los niños en respuesta a esta orden, me sentaba inmóvil por un momento antes de seguir corriendo y jugando con energía, y en general causando bastante alboroto. En mi mente novata, vi esto como una señal de disciplina y al igual que muchos niños, hacía todo lo posible por rebelarme contra la estructura y la organización que más tarde me serviría mucho en la vida.

Yo no sabía que me estaban dando un regalo, el mejor que he recibido, el que me guiaría en mi existencia como alma en el sendero de regreso a la reunión con Dios, el Creador. Estas cuatro sencillas palabras nos proporcionan los fundamentos de la meditación y nos permiten comenzar a retirar nuestra atención del mundo físico y canalizarla hacia lo Divino. La comprensión de que todos y cada uno de nosotros somos una pequeña parte de Dios estaba arraigada en mí desde muy joven, y con el mencionado regalo se me enseñó y entrenó para acceder a estos reinos espirituales interiores que me han permitido lograr una mayor comprensión de nuestra existencia y nuestras metas como almas separadas de su Creador.

El regalo de la meditación enseñada por los Grandes Maestros de *Sant Mat* y descrita anteriormente en este libro por Sant Rajinder Singh Ji Maharaj, nos permite conocer nuestra conexión interna con Dios y experimentar Su grandiosidad en toda su gloria. El *Surat Shabd Yoga* (la meditación enseñada por los Grandes Maestros de *Sant Mat)* libera nuestra conciencia interna de todas las distracciones mundanas, lo que a su vez nos permite recibir a Dios en la forma más pura. La meditación es el foro donde podemos conectarnos con Dios y explorar la esencia espiritual innata de nuestro ser. Este despertar espiritual me ha guiado en cada etapa de mi vida: la infancia, la adolescencia, la universidad, la facultad de medicina y actualmente como médico residente en el campo de la Medicina Física y la Rehabilitación.

Lo que ha quedado claro para mí en la última década de estudios e investigación es que los beneficios de la meditación no se limitan a la esfera espiritual. Estos beneficios tocan todos los aspectos de nuestra vida humana, ya sea a nivel emocional, físico, mental y por supuesto espiritual. He visto cómo la meditación trae beneficios en el desempeño, la claridad mental, el bienestar, la estabilidad emocional, el mantenimiento de la salud, además del tratamiento y la prevención de la enfermedad.

Para mostrarles lo que pudo haber sido mi primera exposición a los beneficios físicos de la meditación, los regresaré a la década de 1990. Fui un adolescente que creció en los suburbios de Chicago. Bill Clinton era el presidente de los Estados Unidos liderando una época de bonanza económica. El mundo estaba en un frenesí con la Internet, una nueva e ilimitada autopista de información. Lo más importante para mí, sin embargo, era que el dios del baloncesto, Michael Jordan (MJ), lideraba el equipo de baloncesto de Chicago, los *Bulls*, para convertirlo quizás en la mayor dinastía deportiva jamás creada. Bajo la tutela y guía del "Maestro Zen", Phil Jackson, los *Bulls* de Chicago ganaron seis campeonatos de la NBA en el lapso de ocho años (durante este tiempo MJ se retiró un año y medio del baloncesto para buscar su sueño de niño de jugar béisbol, lo que se tradujo en dos años por fuera del campeonato).

Llegó a ser bien sabido y publicitado en todo el mundo de los deportes, que Phil Jackson a menudo hacía que sus jugadores meditaran antes de los partidos para mejorar su rendimiento sin el uso de fármacos. Al hacer que sus jugadores se sentaran en meditación silenciosa visualizándose a sí mismos desempeñándose al más alto nivel, se observaron ciertos cambios: el juego fue más pausado, los lanzamientos y pases se hicieron con una precisión sin precedentes, la claridad mental disminuyó el número de errores y pérdidas de balón, y el juego en equipo se volvió fácil y descomplicado. Los resultados fueron sorprendentes: seis campeonatos con los *Bulls* de Chicago y cinco más con los *Lakers* de Los Ángeles, todo ello al mismo tiempo que dirigía a algunas de las personalidades más grandes en la historia del deporte como Michael Jordan, Scottie Pippen, Kobe Bryant y Shaquille O'Neil. Este revolucionario sistema de entrenamiento catapultó a Phil Jackson en la opinión general como el entrenador más grande en la historia de la NBA por encima del venerado "Red" Auerbach, entrenador de los *Celtics* de Boston. Phil Jackson fue capaz de conseguir que sus atletas ascendieran y fueran más allá de sus capacidades físicas que ya eran fenomenales, mediante el empleo de una técnica centrada en el concepto de "siéntate y quédate quieto". ¿La meditación le dio al "Maestro Zen" y a sus equipos una ventaja sobre sus competidores? Creo que la respuesta en consenso es un rotundo "¡SÍ!".

Como un adolescente al que le encantaba el baloncesto, esto me proporcionó una aplicación en la vida real de los beneficios de la meditación en el mundo más importante para muchos adolescentes: los deportes. Mis padres se aprovecharon de esto y muchas veces me "vendían" la idea de incrementar mi meditación para que yo pudiera "ser como Michael Jordan".

No hace falta decir que a partir de ese momento pasé horas interminables meditando antes de ir a hacer lanzamientos. Mis meditaciones me permitieron mejorar mi concentración y fortaleza mental, las cuales mejoraron mis habilidades en la cancha. Los resultados fueron evidentes y mi juego mejoró. Sin embargo, mi estatura genética no precisamente mantuvo el ritmo de mi crecimiento espiritual y mis sueños en la NBA se quedaron exactamente en eso, sueños.

Con el paso rápido de los años en la universidad, en la facultad de medicina y durante la residencia, me di cuenta cada vez más de los efectos sorprendentes de la meditación tanto a nivel espiritual como físico. Un tema recurrente para mí fue el efecto que tiene la meditación sobre el estrés. Como se pueden imaginar, la facultad de medicina y la capacitación como residente en ocasiones pueden ser abrumadoras. A diario ocurren situaciones de emergencias médicas y me di cuenta de la importancia de mantenerse sereno durante estos momentos, cuando se trata de ayudar a quienes están en grave peligro. Una enseñanza conocida en el entrenamiento de la facultad de medicina es que cuando se trata de un código azul (situación de emergencia), hay que tomarse el pulso antes de prestar ayuda. Esto nos permite asegurarnos de no estar bajo demasiada presión, lo que puede nublar el pensamiento y conducir a decisiones apresuradas en un asunto de vida o muerte. Rápidamente me fijé que nunca entré en pánico en estas situaciones, podía pensar con claridad y me guiaba para tomar decisiones adecuadas que afectaban la salud de personas en riesgo de muerte inminente. El estrés de las condiciones médicas de mis pacientes nunca me pareció agobiante. Mi comprensión del ciclo de la vida y la transmigración, siendo la muerte un final dulce para nuestra existencia física, me quitó el miedo a la muerte y esto se tradujo en lo que creo que es una atención más compasiva para el paciente. La claridad con la que podía pensar en esas condiciones de estrés puede atribuirse directamente a mi régimen de meditación. La evidencia fue clara para mí como experiencia directa; la meditación no solo conduce a la reducción del estrés en los pacientes, sino también en los profesionales de la salud, lo que puede llevar a un nivel superior de atención para los pacientes.

Actualmente los hospitales emplean tratamientos con estándares de atención, luego de una extensa investigación médica y pruebas que conducen a la práctica médica conocida como "Medicina basada en la evidencia". De acuerdo a esta perspectiva, las teorías se postulan y luego se estudian en animales de laboratorio. Si tienen éxito, se estudian en pequeñas poblaciones humanas, luego en poblaciones más numerosas y después de años de extensa investigación pueden conducir a descubrimientos médicos que posiblemente alteren los tratamientos estándares de atención disponibles para poblaciones más grandes. En el mundo occidental, esto lleva a nuevos tratamientos farmacológicos que están disponibles bajo la dirección de un médico experimentado.

Si bien este sistema es fantástico para tratamientos y otras terapias que son fáciles de estudiar, flaquea al evaluar prácticas originadas en el mundo oriental que son más difíciles de estudiar como la medicina ayurveda, la medicina tradicional china, la acupuntura, la digitopuntura, la naturopatía, la homeopatía y la meditación debido a la falta de estandarización de la práctica en estas áreas. Estos enfoques más holísticos para la salud a menudo se adaptan al estilo de vida de cada individuo y a sus áreas de dificultad. Prácticas como estas solían perder importancia en la medicina occidental con el argumento más común en su contra: "¿Dónde está la prueba?".

La investigación reciente ha profundizado en estos campos a menudo con resultados sorprendentes. Me centraré en la investigación en el campo de la meditación; sin embargo, cada una de estas áreas está siendo respaldada por investigación médica, basada en la metodología occidental, a pesar del hecho de haber sido habitualmente utilizados durante siglos en todo el mundo oriental. Un área de interés que me llamó particularmente la atención tiene que ver con los beneficios en la productividad y la reducción del estrés en los trabajadores de la salud que practican la meditación. Como podemos ver en los siguientes estudios, el papel de la meditación como una práctica para los trabajadores en el área de la salud es crucial para proporcionar un nivel más óptimo de atención a cada paciente, en todas las gamas.

En el Departamento de Pediatría de la Universidad de Texas en la sede de Galveston, Texas, se realizó un importante estudio el cual utilizó una técnica llamada Programa para reducir el estrés basado en la atención plena (MBSR, por sus siglas en inglés) en empleados académicos del área de la salud. La investigación analizó el estrés, diferentes escalas de salud y bienestar, una serie de experiencias espirituales, junto con medidas de variación de la frecuencia del pulso. Medía estas escalas antes, inmediatamente después y un año más tarde luego de haber completado un curso de ocho semanas de prácticas de meditación.

Los resultados mostraron mejoras significativas en todas las medidas en el grupo que practicó la técnica de MBSR inmediatamente después del curso y un año más tarde, mientras que el grupo control (sin intervención) no tuvo mejoras significativas en ninguna medida. Los autores del estudio concluyeron que la técnica MBSR redujo eficazmente las medidas de reporte personal de estrés e incrementó las experiencias espirituales de los empleados en un entorno académico del área de la salud y estos efectos se mantuvieron estables al menos durante un año.[1]

Otro estudio realizado en el Departamento de Cirugía de la Clínica Mayo evaluó a un grupo de enfermeras antes y después de un programa de sesiones de meditación de un mes. En sesiones de 30 minutos, cuatro veces por semana durante cuatro semanas, las participantes fueron guiadas por un computador utilizando la bioretroalimentación para reforzar el entrenamiento y la enseñanza. Los resultados mostraron mejorías estadísticamente significativas en el manejo del estrés, la ansiedad y una alta satisfacción con el programa de meditación.[2]

Un estudio realizado en Australia en el Instituto de Investigación Menzies de la Universidad de Tasmania se centró en los efectos de la meditación sobre los niveles de estrés en sus estudiantes de medicina. Los participantes practicaron la meditación diaria en un curso de ocho semanas y los resultados se enfocaron en la depresión, el estrés y la ansiedad. Las investigaciones han demostrado que los estudiantes de medicina en comparación con la población general, tienen niveles más elevados de depresión, estrés y ansiedad. Los resultados mostraron reducciones significativas en todos los campos del estudio. Una evaluación de seguimiento, ocho semanas después de concluida la prueba, reveló que los efectos se mantuvieron.[3] Un estudio piloto en la Facultad de Enfermería de la Universidad de la Ciudad de Nueva York mostró resultados similares después de un mes de práctica de la meditación. Los estudiantes de enfermería participantes en este estudio se sentían más tranquilos, relajados, equilibrados y centrados después de completar la práctica.[4]

Estos estudios nos muestran que es posible implementar las prácticas de meditación en los trabajadores de la salud y esto, a su vez, puede conducir a servicios más completos y compasivos para nuestros pacientes. Imaginen un hospital donde los médicos, enfermeras, terapeutas y miembros de servicios auxiliares están mejor orientados, centrados, descansados y son más compasivos. Ahora piensen la situación actual de la mayoría de los hospitales: están llenos de trabajo para mantenerse al día con las necesidades de la administración, asegurándose que las personas se den de alta de acuerdo a las exigencias de los seguros, y los médicos y enfermeras se ven obligados a "transferirse" los pacientes para garantizar que no se violen restricciones estrictas acerca de las horas de servicio. Si se les da la opción, creo que sería muy difícil encontrar a alguien dispuesto a aceptar voluntariamente lo último. Tenemos la oportunidad de poner en práctica cambios que ayudarán a mejorar la atención del paciente mientras avanzamos. Si estuviera en mis manos, me aseguraría de tener la disponibilidad y el fomento de programas de meditación en los servicios de salud, a disposición tanto de los empleados, como de los pacientes y sus seres queridos.

Como médico en el campo de la Medicina Física y la Rehabilitación, un fisiatra, veo una gran variedad de pacientes y las dolencias que les angustian. El síntoma más común que veo tanto en mis pacientes como en la población general es el dolor. Este es uno de los conceptos más básicos de la vida que nos unen. Especialmente cuando se trata de dolor crónico, es necesario dar a los pacientes una variedad de modalidades que puedan aliviar sus síntomas, para combatirlos en muchos frentes, en vez de solo enfocarse en uno y esperar a que funcione. Curiosamente, me parece que el dolor es uno de los aspectos de la medicina que puede estar más descuidado y que se trata de forma inadecuada, dejando a los pacientes con pocas esperanzas. Un área de mi interés y en investigación, ha sido el efecto que la meditación puede tener en la modulación del dolor.

En un estudio reciente de la Facultad de Medicina de la Universidad de Wake Forest, los participantes se sometieron a una evaluación con proyección de imágenes de resonancia magnética funcional (fMRI, por sus siglas en inglés) en respuesta a la estimulación del dolor. Se midieron al inicio del estudio y de nuevo después de cuatro días de entrenamiento en la meditación. Después de meditar, las personas sintieron una disminución de 57 % en la sensación de molestia del dolor y una reducción del 40 % en la escala de intensidad del dolor. Usando fMRI, los autores pudieron observar áreas específicas del cerebro que tuvieron cambios en la activación asociada al dolor, directamente relacionados con la meditación: la corteza contralateral somato sensorial primaria, la corteza anterior cingulada, la ínsula anterior, la corteza órbito - frontal y el tálamo. El efecto de desactivar el tálamo puede reflejar un cambio en el mecanismo de compuerta límbica que modifica los impulsos aferentes, cambiando básicamente la forma en que nuestro cerebro detecta el dolor y responde a él.[5]

Otro estudio reciente en Alemania también encontró que los participantes tenían menores índices de dolor después de meditar y ser probados con un estímulo nocivo. El estudio también señaló que al inicio de este, quienes meditaban mostraron una mayor tolerancia al dolor que quienes no lo hacían y que otro grupo que recibió electro acupuntura. Con este estudio se confirmó un nivel de analgesia inducida por la meditación.[6]

Quienes están en el campo del dolor crónico han comenzado a publicar varios estudios significativos acerca de los efectos de la meditación sobre el dolor. En un estudio realizado en Alemania, las mujeres con fibromialgia fueron estudiadas antes y después de someterse a un programa grupal estructurado de ocho semanas que enseña meditación y ejercicios de yoga. Quienes lo practicaron, observaron mejorías estadísticamente significativas en la calidad de vida, el dolor, la depresión, la ansiedad, las quejas somáticas y la conciencia.[7] Se observaron resultados parecidos luego de un estudio similar en Texas en los pacientes con fibromialgia. Las mejorías se observaron en el dolor, la rigidez, la ansiedad, el estado general de salud, la depresión y la fatiga.[8]

Investigadores de la Facultad de Medicina Warren Alpert de la Universidad de Brown estudiaron los efectos de la meditación sobre las mujeres con dolor pélvico crónico. Ellos diseñaron este estudio después de observar los efectos bien documentados de la meditación en pacientes con dolor debido a cáncer, dolor de espalda y dolores de cabeza por migraña. Después de un programa de meditación de ocho semanas, se observaron mejorías significativas en las medidas máximas de dolor diarias, en la función física, la salud mental y en el aspecto social.[9] Los beneficios no paran allí. Un estudio reciente en la Universidad de Drexel señaló que la meditación tiene efectos significativos en la calidad de vida por el dolor y por los síntomas en los pacientes que sufren de neuropatía periférica diabética dolorosa.[10]

Entonces, ¿cómo funciona exactamente la meditación al alterar fisiológicamente nuestra estructura para producir los cambios saludables que se analizan aquí? La respuesta es cada vez más clara a medida que hablamos. Se están haciendo más y más investigaciones para estudiar áreas específicas del cerebro que se ven afectadas por la meditación. La ciencia de la espiritualidad está obteniendo pruebas y nuevos datos que pueden ayudarnos a demostrar científicamente los efectos visibles de las prácticas espirituales. El electroencefalograma (EEG) es una grabación de la señal eléctrica en el cuero cabelludo, que nos da una idea de la actividad que sucede en el propio cerebro. Un estudio realizado recientemente en el Instituto de Ciencias Noéticas en California, practicó electroencefalogramas a personas antes, durante y después de ser expuestos a una luz externa impredecible y a estímulos sonoros, tales como sonidos altos y aterradores, con la intención de inducir un estado de estrés. Los investigadores encontraron diferencias significativas en los EEG y concluyeron que cuando los participantes de la prueba eran personas que no meditaban, mostraron niveles elevados de estrés, los meditadores avanzados mostraron niveles de estrés más bajos. Además, los efectos de la meditación que dan como resultado estados de menor estrés, permanecieron en las personas que meditaban incluso después de haber terminado el período de meditación.[11] En un estudio diferente basado en EEG, los investigadores pudieron identificar una mayor actividad en el giro parahipocampal derecho, en el giro fusiforme, en el giro lingual y en las cortezas temporal inferior y medial. Los patrones cerebrales observados con mayor actividad apoyan las descripciones de *Samyama*, un concepto del Yoga que describe la contemplación, la concentración y la unidad relacionadas con una comprensión más profunda lograda por medio de la meditación.[12]

Otro estudio usando fMRI en participantes que se dedicaban a la meditación repitiendo un mantra en silencio, identificó una activación elevada en las formaciones bilaterales del hipocampo/parahipocampo, junto con la corteza bilateral cingulada media y la corteza bilateral precentral. Este estudio corroboró investigaciones previas que también identificaron al hipocampo como una zona que se activa con la meditación. Curiosamente, el hipocampo está muy relacionado con la formación de recuerdos, determinando cómo la meditación permite que nuestra concentración y memoria mejoren con la práctica.[13]

Incluso en personas que ya sufren de pérdida de memoria, la meditación puede mejorarla, además de los cambios de estado de ánimo que van asociados con ella. Investigadores del Centro de Medicina Integral Jefferson-Myrna Brind en Pensilvania descubrieron que un programa de 12 minutos de meditación al día durante 8 semanas, en pacientes con pérdida de memoria, dio como resultado cambios positivos en los parámetros neuropsicológicos, incluyendo el estado de ánimo, la ansiedad y el flujo sanguíneo cerebral.[14] La división de Medicina Nuclear en la Universidad de Pensilvania estudió más a fondo a estos pacientes con un escáner que obtiene tomografías computarizadas usando emisión de fotón único (SPECT, por sus siglas en inglés) y observaron un aumento significativo en el flujo sanguíneo en las siguientes áreas del cerebro: las cortezas prefrontal, frontal superior y parietal superior. También observaron mejoras en la fluidez verbal y en la memoria lógica.[15]

Lo que puede ser aún más prometedor son los efectos casi inmediatos que la meditación tiene sobre nuestra cognición. Según una publicación reciente, un estudio de la Universidad Wake Forest señaló que incluso cuatro días de prácticas de meditación mejoraron la capacidad de mantener la atención, el estado de ánimo, la fluidez verbal, el manejo visual y la memoria a corto plazo, redujeron la fatiga y la ansiedad, y aumentaron la atención y el desempeño ejecutivo.[16] Una evidencia como la anterior es muy alentadora, sobre todo en quienes no habían practicado la meditación previamente. Los efectos inmediatos son más gratificantes y además pueden promover la motivación personal para meditar. Como cualquier meditador experimentado sabe, esta es una habilidad que requiere mucha práctica para mejorar y enriquecer las experiencias personales. Si bien eso es cierto, algunos efectos se pueden sentir de inmediato, incluso los principiantes pueden tener una variación lo suficientemente importante como para cambiar, mejorando considerablemente su vida.

El espectro de los beneficios que surgen de la práctica de la meditación en forma rutinaria es tan amplio como nos lo podamos imaginar. Todos los aspectos de nuestra vida pueden ser tocados, ya sea a nivel espiritual, físico, mental, emocional o neuropsicológico. La prometedora investigación que he compartido con ustedes de ninguna manera es un resumen exhaustivo de la evidencia existente, tan solo es un tratado muy superficial de cómo se puede cambiar la vida con la práctica de la meditación. La meditación *Jyoti*, según lo enseñado por los Maestros de *Sant Mat*, es una práctica sencilla que se puede hacer en cualquier lugar y por cualquier persona. El viaje hacia la apertura de nuestro ojo interior y la mejora de nuestro ser físico comienza con cuatro palabras sencillas: "Siéntate y quédate quieto".

Kunwarjit Singh Duggal, MD recibió una licenciatura en Finanzas y otra en Economía en la Universidad de Illinois en Urbana-Champaign. Luego recibió su grado como Doctor en Medicina en el Rush Medical College de Chicago, en el estado de Illinois, Estados Unidos. Actualmente se encuentra en el cuarto año de su residencia en Medicina Física y Rehabilitación en el Rush University Medical Center. El Dr. Duggal se centra en el bienestar mediante un enfoque que combina una alimentación a base de vegetales y un estilo de vida activo y atlético. También es un promotor de la meditación combinada con cambios de estilo de vida para combatir y prevenir la enfermedad. El Dr. Duggal ha sido vegetariano durante toda su vida. Ha estudiado la meditación bajo la guía de Sant Darshan Singh Ji Maharaj y Sant Rajinder Singh Ji Maharaj desde 1988. Ha impartido conferencias sobre los beneficios de una alimentación a base de vegetales, el vegetarianismo para un estilo de vida activo, alimentos medicinales y nutracéuticos y el papel de la meditación en el cuidado óptimo de la salud.

PARTE 3

Meditación para la salud mental y emocional

CAPÍTULO 5

LA MEDITACIÓN PARA EL BIENESTAR EMOCIONAL

Por Mark E. Young, PhD

Profesor de Consejería Educativa, Universidad de Florida Central, Orlando, Florida, EE. UU.

Cuando mis hijos estaban jóvenes, a veces me molestaba o enfadaba con ellos. Con frecuencia se unían y me decían: "¡Papá, pensamos que necesitas meditar!". Esta era una buena estrategia para distraerme de su comportamiento. Sin embargo, esto también me recordaba algo que ellos notaban y que yo también había descubierto al ser un meditador veterano: primero, la meditación tiene el efecto de disminuir la exaltación emocional durante los momentos de estrés y, segundo, regula el estado de ánimo previniendo ataques de ira, altibajos depresivos y sentimientos de ansiedad y miedo. La otra cara de la moneda es que la meditación apoya y produce emociones positivas tales como felicidad, sentimientos de bienestar y alegría. En otras palabras, la mayoría de los meditadores experimentados reportan que se ven menos afectados por el estado ánimo de los demás, por accidentes y problemas mundanos, debido al cambio de conciencia que ocurre como resultado de su práctica.

En ese sentido, permítanme contarles otra historia de una terapeuta que conozco quien medita. Ella estaba mirando por la ventana cuando vio llegar a su paciente al consultorio. Como estaba sirviendo leche en su café, dejó caer al piso todo el litro creando un desastre. Se había tomado un tiempo entre sus pacientes para meditar antes de ocurrir este accidente. Dijo que normalmente habría caído en una serie de pensamientos negativos como "Eres tan torpe" o "¡Este es un desastre terrible, ahora tardaré en recibir a mi paciente". Esto a su vez habría llevado a sentimientos de disgusto emocional. Por el contrario, ella solo limpió la leche. La meditación la ayudó a evitar los pensamientos y emociones frustrantes. Ningún lamento sobre la leche derramada.

La meditación y un estilo de vida espiritual para regular las emociones

La ira

En ciertos lugares se cree que el sentimiento de ira es saludable. A principios del siglo pasado, muchos consejeros y terapeutas creían que expresar la ira lograba su disipación, como quien presiona un grano para que salga el pus. Actualmente, se han dado cuenta que expresar la ira también la puede agudizar, y que el cuerpo físico es quien termina pagando la factura, debido a la liberación de productos del estrés en la sangre. Mientras esto aún se debate, muchísimas personas que vienen para consejería enfrentan las consecuencias de la ira, tales como violencia doméstica, abuso infantil, matrimonios y relaciones familiares malas, problemas en el trabajo, etc. Las palabras y acciones violentas dañan las relaciones interpersonales, a veces de manera irreparable. Estos incidentes a veces son recordados durante años, incluso décadas.

Además de esas palabras y actos, los terapeutas son conscientes que los pensamientos de ira son responsables de comenzar una espiral de violencia. Las personas entablan diálogos internos que alimentan los sentimientos de ira. Piensan en todas las maneras en que han sido ofendidas por los demás y luego se repiten a sí mismas alguna de las siguientes frases:

- Esa persona no debería ser así.
- Esa persona ha hecho algo malo o injusto y merece ser castigada.
- Encontraré la manera de desquitarme.
- Les enseñaré que no pueden tratarme de esta forma.
- Es culpa de ellos que yo haya explotado pues me hicieron enfadar.

Los consejeros generalmente creen que todos estos pensamientos son evidentemente falsos o autodestructivos. Como dijo Eleanor Roosevelt: "Nadie puede hacerte sentir inferior sin tu permiso". Del mismo modo, nadie puede hacerlos enfadar si no toman parte en eso. Deben estar pensando en alguno de estos enunciados para llegar a enfadarse. Los terapeutas no creen que otras personas les hagan enfadar. Se enojan solos y la única persona a la que pueden controlar es a ustedes mismos. La decisión para enfadarse ocurre en una fracción de segundo, pero en teoría siempre está precedida por la aceptación de alguno de estos pensamientos. Estos se producen de forma automática, pero también pueden ser cuestionados y manejados. Los terapeutas cognitivos los cuestionan en términos racionales. Por ejemplo, la primera afirmación mencionada, "¡Esa persona no debería ser como es!", va en contra de la realidad. De hecho, las personas fallan y son imperfectas. Aceptando este hecho y reduciendo las expectativas que tenemos sobre los demás, aflorarán menos sentimientos de dolor, decepción y todos los asociados con la ira.

Además de tender a echarle más leña al fuego emocional, estas afirmaciones también tienen una consecuencia espiritual. Elevan al pensador a una posición supuestamente superior y justifican la venganza porque la otra persona ha hecho algo mal. En este sentido la ira es en parte una consecuencia de un ego enaltecido. Uno parece estar diciendo: "Si yo fuera esa persona, no me comportaría de esa manera". Creemos en la ira justificada. Por supuesto, el problema con esa clase de pensamiento es que no entendemos la perspectiva de la otra persona, por lo que ha pasado, si su salud no es buena o quizás se siente amenazada.

En esencia, estamos sugiriendo que todos deberían sentirse igual que nosotros cuando están en la misma situación. Esta es la incapacidad del ego para trascender su punto de vista y entender que los demás ven el mundo diferente. En mi vida he luchado con la sensación de rabia por injusticias cometidas contra mí. Trataba de distraerme y pensar en otras cosas pero como no podía justificar el comportamiento de la otra persona, los sentimientos regresaban. Todos los días sentía ráfagas de adrenalina en mi cuerpo muy perturbadoras, y mi actitud hacia esa persona se manifestó en un comportamiento no verbal. Cuando me di cuenta que en todos los pensamientos acerca de esta persona yo asumía una posición moral superior, empecé a examinar mi propia conducta. Caí en cuenta que había sido culpable de muchas de las mismas cosas de la persona con quien estaba enfadado. A partir de entonces, cuando alguno de esos pensamientos aparecía, recordaba mi comportamiento y que no tenía derecho de juzgar a esa persona. Esto tuvo el efecto de reducir mis sentimientos de ira de forma significativa, lo cual no generaba culpabilidad, simplemente me recordaba que todos somos humanos.

Parte de un estilo de vida espiritual es adoptar creencias que son constructivas en lugar de ser emocionalmente agotadoras. ¿Cómo sería su vida si no tuviera estos pensamientos negativos acerca de los demás y de la vida en general? Aquí hay algunas de las ideas que los buscadores espirituales han tratado de adoptar:

- Debemos cambiarnos a nosotros mismos, no a los demás.
- Nunca habrá un momento en que los problemas no existan o donde todos los traten de la manera en que piensan debería ser. No podemos controlar por completo al mundo ni a los demás. Debemos encontrar la paz interior.
- Lo que le sucede viene de la mano de Dios y es en última instancia para su beneficio.

¿Qué sentirían si creyeran en estos pensamientos en lugar de las ideas automáticas y locas que el ego les ofrece?

Controlando la ira en la tradición de *Sant Mat*

Los Maestros de la tradición de *Sant Mat*, quienes practican la meditación en la luz y el sonido interno, piden llevar un registro diario de los pensamientos, palabras y acciones. Bajo la categoría de *Ahimsa* o no violencia, la persona hace un seguimiento de lo que piensa, dice y hace en relación con la ira. Además, los analiza y trata de identificar la causa. Al hacer esto uno adquiere información de los pensamientos que originan estas palabras y acciones. Con el tiempo, nos afecta menos lo que hacen los demás porque ya no aceptamos la premisa que afirma que la otra persona está equivocada, es perversa o malintencionada y que siempre tenemos la razón. Los Maestros de *Sant Mat* enseñan que eventualmente la ira deja de ser una reacción automática ante el comportamiento de otra persona. Un punto importante es que la ira no está reprimida; esta no surge cuando realmente tenemos la actitud de no tomarnos estas cosas a nivel personal. La tradición de *Sant Mat* enseña que es probable que los conflictos con los demás sean inevitables. Con frecuencia tener diferentes puntos de vista ayuda a identificar las maneras más creativas y eficaces para resolver problemas, pero necesitamos manejar el conflicto de forma que no cause daño a los demás ni a nosotros mismos.

Además de este trabajo preventivo a largo plazo, el sendero de *Sant Mat* recomienda algunos métodos de emergencia para lidiar con la ira inminente. Se ha sugerido que tomar un vaso grande de agua fría puede bajar la temperatura corporal y evitar las palabras o acciones de ira. Del mismo modo, se recomienda que uno se aísle durante los momentos de ira para reducir las oportunidades de intercambios negativos con los demás. Finalmente, tener pensamientos de amor por los demás es tan importante como eliminar los negativos. Encontrar una manera de conectarse con los demás, hallar vías de acuerdo y la búsqueda de la armonía son antídotos contra la ira que rara vez son reconocidos.

Les daré un ejemplo, cuando mi hija era adolescente, los dos teníamos desacuerdos en muchos temas. Después de una confrontación fuerte, fui a su habitación para leerle un poema, algo que ambos disfrutamos. Posteriormente, solía terminar el día sentado al pie de su cama compartiendo con ella un nuevo poema. La poesía se convirtió en un espacio en el cual podíamos conectarnos fácilmente y donde no había lugar para nuestras diferencias. Muchos de nosotros perdemos el tiempo al recordar siempre la parte de la relación donde no estamos de acuerdo. A veces es mejor encontrar el punto en común y construir una relación que será el mejor medio para resolver nuestras dificultades.

Como pueden ver, la tradición de *Sant Mat* es la espiritualidad en el mundo real. Tiene que ver con el desarrollo e incremento del amor y los sentimientos positivos en nuestras relaciones. Una de las barreras más importantes en ellas es la ira. Para lograrlo, debemos tranquilizarnos cuando sentimos enojo, evitarlo por medio de la meditación y vigilar nuestro ego, el cual constantemente promueve la idea de ser perseguidos por los demás.

La ansiedad

La ansiedad o el miedo es la activación fisiológica unida a la idea de estar siendo amenazados. La ansiedad es la causa de la denominada enfermedad psicosomática y exacerba muchos otros trastornos. Interfiere con nuestras relaciones y nos impide disfrutar de la vida. En ocasiones nuestros temores son reales. Muchas veces son imaginados o exagerados. De cualquier manera, el cuerpo se excita y se producen una serie de cambios fisiológicos que se han llamado Síndrome de Activación General o estrés. Mientras que esta respuesta de emergencia nos puede ayudar a escapar de una casa en llamas, los productos del estrés en nuestra sangre pueden originar cambios irreversibles si simplemente estamos sentados en un escritorio sudando por causa de papeleos. Por lo tanto hay dos clases de estrés: fisiológico, y mental o cognitivo.

Digamos que acaba de recibir un masaje y está acostado, listo para dormir. A nivel fisiológico está relajado pero su mente no deja de pensar. La mente se preocupa por el futuro o reflexiona sobre el pasado. De repente, ¡su cuerpo se llena de tensión! Este ejemplo demuestra que el ejercicio físico, los baños calientes y la relajación muscular profunda no durarán mucho si no logramos tener algo de control sobre nuestro aparato mental, el cual funciona de manera inadecuada cuando necesitamos dormir.

La investigación ha confirmado que hay dos formas principales de lidiar con el estrés: el enfoque en la emoción y el enfoque en el problema (Folkman & Lazarus, 1980). Por supuesto, todos sabemos que es mejor afrontar los problemas directamente y resolverlos mientras podemos en lugar de evitarlos o negarlos. Pero, ¿qué sucede con las situaciones donde es poco lo que podemos hacer? Imaginen que su carro se daña en una calle solitaria y se dan cuenta que no tienen celular y necesitan un mecánico para reparar el radiador. Cuando no hay mucho o nada por hacer, podemos utilizar la meditación y la oración para que nos ayude a sobrellevar las emociones negativas que nos causan daño físico y nublan la mente. Diez minutos de meditación pueden ser suficientes para que recobremos nuestro equilibrio y podamos enfrentar la situación de la mejor manera posible.

Este escenario puede compararse con el de una isla desierta, pero, ¿no hay bastantes situaciones en la vida en las cuales podemos hacer muy poco para afectar el resultado? ¿Se puede obligar al empleador a que nos de el trabajo después de una entrevista? ¿Podemos hacer que el profesor nos califique con una nota de aprobación después del examen? No, pero podemos prevenir los efectos de las emociones negativas cuando reflexionamos sobre el pasado o nos preocupamos por el futuro. Podemos mantenernos enfocados en la tarea que estamos realizando. Como la terapeuta que derramó la leche al comienzo de este capítulo, nos damos cuenta que la meditación nos ayuda a reducir estas emociones de modo que podamos continuar con nuestras actividades.

Reduciendo la ansiedad por medio de la meditación

Hay pruebas cada vez más convincentes que los meditadores tienen la habilidad de moderar la intensidad de su excitación emocional (Aftanas & Golosheykin, 2005). Para ilustrar esto, revisemos un estudio anterior de Daniel Goleman, quien escribió el libro *Inteligencia emocional* (1995). Goleman, un meditador desde hace mucho tiempo, estudió la meditación y el estrés (Goleman & Schwartz, 1976). En un experimento, les mostró a meditadores y no meditadores una película de accidentes industriales horribles y luego midió sus reacciones fisiológicas ante la película. A los meditadores se les indicó que meditaran después de la película y a los no meditadores que cerraran sus ojos y se relajaran. Los meditadores mostraron un patrón único. Al igual que los no meditadores, ellos también experimentaron la ráfaga de adrenalina del síndrome "pelear o huir" pero luego recobraron rápidamente su nivel de relajación anterior a la película. Por otro lado, los no meditadores reaccionaron con más lentitud y continuaron sintiendo estrés, tanto mental como fisiológico, por un periodo más largo de tiempo. Esta recuperación rápida del estrés ha sido reconocida por los meditadores y es una solución práctica para reducir los efectos desgastantes del estrés que experimentamos por el estilo de vida apurado o lo que podríamos llamar "presión en toda la cancha". Parece que esta recuperación rápida también se puede aplicar a otros desafíos emocionales tales como la ira o la tristeza.

Lidiando con la ansiedad en la tradición de *Sant Mat*

La meditación proporciona tanto relajación física como paz cognitiva las cuales le ayudan al aspirante espiritual a vivir con menos ansiedad. Pero el sendero de *Sant Mat* también nos enseña que un origen de nuestros miedos es que tenemos todas nuestras esperanzas puestas en el mundo como nuestra principal fuente de felicidad. Si las cosas van bien, estamos felices; si no, somos infelices. Estamos a merced del destino. Sin embargo, ¿qué tal si viviéramos protegidos de los constantes altibajos? Aquí, el maestro espiritual sirve de ejemplo acerca de cómo vivir la vida de la mejor manera posible. Él permanece ajeno a los obstáculos y contratiempos del camino y está feliz y satisfecho en cualquier circunstancia. No es inmune al dolor ajeno, pero es consciente de la belleza y la alegría del mundo. Este ejemplo es inspirador. Queremos vivir en esa clase de mundo y el maestro espiritual nos garantiza que eso es posible. Algunas personas objetan que vivir una vida de paz y alegría es algo antinatural, y que deberíamos ser afectados por las adversidades de las circunstancias de la vida. Los maestros espirituales guardan la esperanza que si estamos concentrados en Dios en lugar del mundo, sentiremos emociones pero no nos quedaremos atrapados en ellas.

La ansiedad puede estar relacionada con nuestro mayor miedo, el temor a la muerte. Es por eso que la ansiedad es un asunto espiritual. Aunque muchas personas afirmen que la muerte no les asusta, se encojen ante el tambaleo de un ascensor o de un avión. Si no le temiéramos a la muerte, no tendríamos estas reacciones automáticas. Los maestros espirituales nos dicen que durante la meditación poco a poco perdemos conciencia de nuestro cuerpo. Al hacerlo, empezamos a entrar en contacto con la luz y el sonido internos. Con la práctica, comprendemos que esta experiencia de luz interna es la luz de nuestra propia alma. En lugar de pensar sobre nosotros como solo cuerpos, lentamente nos damos cuenta que somos eternos. Como dijo Teillard de Chardin, llegamos a reconocer que no somos seres humanos teniendo una experiencia espiritual; somos seres espirituales teniendo una experiencia humana. Al entender que estamos conectados a lo Permanente, suavemente abandonamos el miedo aferrado a nosotros. Comenzamos a vislumbrar que continuaremos, y con ese conocimiento llegan la valentía y la esperanza.

La meditación y el estado de ánimo

Para los terapeutas, "estado de ánimo" significa el estado emocional general de una persona y no un periodo momentáneo de estrés o depresión. Aquí es donde tanto la meditación como el estilo de vida espiritual, pueden ayudar. Lane, Seskevich y Piper (2007) estudiaron a doscientos adultos saludables utilizando instrumentos psicológicos que se enfocan en el estado de ánimo, la ansiedad y la angustia psicológica. Se les dio a los participantes una técnica simple de meditación y se les pidió practicarla. Los que practicaron la técnica redujeron el estado de ánimo negativo y su nivel de estrés perceptible. Quienes practicaron con más frecuencia obtuvieron los mejores resultados.

Mientras que es alentador que la meditación tenga un efecto sobre el estado de ánimo negativo, es de igual importancia saber que la meditación puede mejorar el estado de ánimo. Quienes practican la meditación con frecuencia han sostenido que experimentan fuertes sentimientos de alegría. Un grupo de terapeutas (Smith, Compton, & Beryl, 1995) desarrollaron un seminario utilizando métodos psicológicos para aumentar la felicidad en sus clientes. Cuando se agregó la meditación al seminario se observó un incremento significativo de su efectividad. En un estudio relacionado, Wacholtz y Pargamont (2005) querían determinar si los efectos de la meditación sobre el estado de ánimo, el dolor y la ansiedad se elevaban cuando los participantes contaban con una orientación espiritual. Los participantes practicaron la meditación durante veinte minutos al día por un periodo de dos semanas y después regresaron al laboratorio. Aquellos con orientación espiritual tenían mayor disminución de la ansiedad, un estado de ánimo más positivo y pudieron aguantar dolor (la mano dentro de agua helada) el doble de tiempo que los meditadores no espirituales. Crece la investigación que señala que las creencias espirituales potencian las prácticas espirituales como la meditación (Benson, 1996). Pero la espiritualidad es más que una creencia, es todo un estilo de vida. De este modo, los beneficios para nuestro bienestar emocional no solo provienen de la meditación, sino también de cómo vivimos nuestra vida diaria.

Manejo del estado de ánimo negativo en la tradición de *Sant Mat*

El estilo de vida espiritual significa sobrellevar los problemas de la mejor manera posible a medida que surjan, y luego dejarle el resto al poder superior. Esta actitud de "dejar todo en las manos de Dios", lleva a la confianza y liberación de las preocupaciones. Adoptar esta actitud requiere de algunos pasos prácticos. Primero, uno aprende a vivir en el presente. Durante la meditación, uno no se enfoca en el pasado ni en el futuro; esto conduce a una relajación dinámica y a sus efectos tranquilizantes. Pueden practicar el "dejar todo" o rendirse en su vida diaria al enfocarse única y completamente en lo que se está haciendo y no en lo que podría pasar. Si la tarea no requiere de actividad mental, simplemente tratamos de enfocarnos totalmente en lo que estamos haciendo para no dejar que la mente divague. La mente tiende a desviarse como el navegante de Internet que va de una idea a otra, aparentemente relacionadas, a la siguiente, y con frecuencia termina perdido en algún sitio desagradable. La tradición de *Sant Mat* enseña que si estamos completamente comprometidos con la atención enfocada en guardar los platos, barrer el piso o cualquier otra tarea que no requiera de actividad mental, no nos preocuparemos ni albergaremos sentimientos negativos del pasado. Podemos usar la repetición mental del Nombre de Dios para mantener nuestra conciencia enfocada y poner atención estricta a lo que estamos haciendo. Durante este proceso, nuestro estado de ánimo gradualmente cambia a uno de felicidad. A continuación, hay otros tres aspectos del estilo de vida espiritual que tienen un efecto en nuestra habilidad para controlar las emociones:

- Las virtudes éticas se analizan pocas veces como herramientas psicológicas; sin embargo, utilizar nuestros valores éticos como sistema de guía interno tiene beneficios claros. Si uno actúa de manera ética siendo veraz, pacífico, amoroso y humilde (sin pensar que es superior a los demás), obviamente las relaciones interpersonales se verán simplificadas y se harán más pacíficas.

- Abstenerse del alcohol y las drogas es uno de los métodos más efectivos para reducir los picos emocionales. Las drogas y el alcohol generalmente disminuyen las inhibiciones. Como consejero matrimonial, he visto cómo lo que se dice y se hace durante la embriaguez ha destruido relaciones. De la misma manera, las sustancias nos ponen en una montaña rusa de altibajos emocionales o alivian nuestra incomodidad llevándonos a un lugar donde nos volvemos inactivos y elusivos. Cuando usamos alcohol o marihuana para relajarnos, no aprendemos a tranquilizar las emociones por otros medios. En otras palabras, no estamos practicando nuestras habilidades para sobrellevar las cosas sino que estamos dependiendo de sustancias para olvidarnos de nuestro estrés o mitigar el dolor.
- El servicio a los demás es una parte importante del sendero espiritual. Mientras servimos nos concentramos en la tarea, la cual nos distrae de pensamientos negativos y nos ayuda a abstenernos de visitar heridas pasadas o preocupaciones futuras. Además, el servicio también nos ayuda a librarnos de nuestro ego. Cuando estamos sufriendo, el ego nos hace pensar que somos las únicas víctimas y esto puede llevar a sentimientos de depresión. Hay una historia del budismo llamada "La parábola de la semilla de mostaza", que ilustra cómo el enfocarnos en los demás puede cambiar nuestra actitud y sentimientos. Una mujer llegó donde Buda destrozada por la muerte de su hijo y le rogó que le devolviera la vida. Buda dijo que el niño podía ser resucitado con una semilla de mostaza de un hogar donde nadie hubiera perdido a un pariente, un miembro de la familia o a un sirviente. La mujer buscó por todas partes, pero cada casa había sufrido una pérdida. En su camino, descubrió que ella no era la única castigada, una creencia que estaba prolongando su luto.

Resumen y conclusión

Quienes buscan la guía de un maestro espiritual son los que obtendrán mayores beneficios. La ciencia y la espiritualidad convergen en el tema de cómo podemos llegar a ser más pacíficos y felices y con mayor control de nuestras emociones negativas tales como la ira y el miedo. La meditación y la vida espiritual son herramientas que están disponibles sin costos y sin efectos secundarios. Prometen mejores relaciones, menos ira, reducción de la ansiedad y la depresión, mayor estabilidad emocional y más sentimientos positivos, si son estudiados con un guía competente que los oriente en la práctica de la meditación. Además, la práctica constante de la meditación y vigilancia de nuestra vida ética, incluyendo la abstinencia de sustancias tóxicas o drogas, todo trabajará sin duda para calmar las olas de emociones negativas.

Mark E. Young, PhD es Profesor de Consejería Educativa en la Universidad Central de Florida, EE. UU. Por más de 20 años, ha trabajado como terapeuta en clínicas de salud mental de la comunidad, centros de orientación universitarios, consulta privada y en correccionales.

Es el autor de cinco libros, incluyendo el ampliamente utilizado *Learning the Art of Helping, Counseling and Therapy for Couples* y *Counseling Today*. Sus estudios y escritos se han enfocado en consejería de bienestar, parejas y enfoques a la consejería basados en fortalezas. El Dr. Young ha sido un líder estatal y nacional en la consejería para la salud mental y actualmente es Presidente de la Asociación para los Valores Espirituales, Éticos y Religiosos en Consejería, una división de la Asociación Estadounidense de Terapeutas (ACA, por sus siglas en inglés). Ha sido honrado con numerosos premios nacionales, estatales y regionales por su trabajo en consejería y hace poco fue nombrado *Miembro* de la Asociación Estadounidense de Terapeutas.

CAPÍTULO 6

EL FACTOR CREATIVO EN LA ESPIRITUALIDAD Y LA SALUD

Por Debbie Purdy, MAAT

Abro la puerta de mi estudio y de inmediato mi mente se desacelera, mi respiración adquiere un ritmo más tranquilo, y mis sentidos se vuelven más sutiles. La emoción de crear está en el aire. He hecho mi práctica de meditación diaria. El escenario está listo para pintar. Pongo el papel en la pared, abro las pinturas llenas de vida, mojo los pinceles, y estoy lista para explorar y dejar que la intuición y la paz interior me guíen. Aparecen colores, formas e imágenes y dejo de pensar en mí. Por momentos, no hay separación entre la persona y el acto de la creación. La creatividad se convierte en un proceso de observación, en el cual la mente se mantiene al margen mientras el acto creador se hace cargo, dando lugar a la sorpresa y a lo inesperado. Llega energía a mi conciencia, junto con concentración y una sensación de bienestar.

Mi experiencia en la meditación es similar. Cuando me siento, de inmediato tengo una sensación de tranquilidad. Me preparo tomando mi manto de meditación y apago el ruido innecesario. Fijo mi atención como lo hago al pintar y voy al interior. Lo que aparece viene de los reinos misteriosos de gracia, fuera de mi control, y me emociona con un sentimiento de alegría y amor.

La creatividad y la espiritualidad están estrechamente relacionadas. Ambas nos conducen a lo desconocido. Las dos requieren de un proceso gradual de desprendimiento. Necesitan concentración de la atención lo cual nos infunde vitalidad. La fuerza creadora es la expresión de ese poder de Dios. La meditación sigue a ese poder hasta su fuente original. Ser parte de un proceso creativo nos ayuda a dar testimonio de lo Divino tal como se manifiesta a través de la fuerza de la expresión. El acto de crear despeja el camino, eliminando el parloteo de la mente, solucionando los temas no resueltos e integrando las experiencias que no pudieron ser arregladas con la mente. La meditación también calma la mente, lo que nos permite entrar en los reinos de sanación en nuestro interior. Las dos pueden asociarse en una práctica mutuamente beneficiosa que puede realzar nuestro potencial curativo inherente, desarrollando todo nuestro Ser.

La meditación nos permite crear con más facilidad desde una integridad del ser más centrada y enfocada. La creatividad puede ayudarnos a meditar con menos confusión. Estas dos prácticas nos permiten vivir desde un lugar más allá de la mente, lo cual es, naturalmente, terapéutico y sanador. Vemos que no somos nuestros pensamientos ni sentimientos, que estos son simples expresiones que ya no nos definen, y podemos apreciar un centro de formación en nuestro interior. Mientras creamos, puede ocurrir que observemos los pensamientos y sentimientos. Al identificarnos con la quietud que realmente somos, los vemos como desechos en las olas de la conciencia. Ahora tienen menos control sobre nuestras acciones.

El arte y la creatividad son formas maravillosas de expresar juicios, comparaciones y conceptos, con el fin de verlos como lo que son: pensamientos limitados y restrictivos que nos detienen. Cuando en verdad seguimos el proceso de creación, encontramos que solo conocemos una parte de esa expresión y que la plenitud espiritual dentro de nosotros, como se expresa a través de la creatividad, saca a la superficie las dimensiones más grandes de la verdad. Esto permite la sanación natural y una perspectiva más amplia, acompañada de intuición, vitalidad y asombro.

Una mujer entra a una clase de pintura. Surge un recuerdo de la infancia acerca de la represión en el país de Europa del

Este donde nació. Recuerda tener tres años cuando se le pide que vea si los vecinos estaban observando las actividades de sus padres. A los cinco minutos, su cuello y hombros tienen espasmos. Le pido que se vaya a pintar. Ella comienza a pintar una imagen con un niño muy joven y un adulto muy grande. Ve que es su madre. Sus hombros y el cuello comienzan a relajarse. Al final de la sesión de pintura, ella está pintando las lágrimas de su madre, reconociendo que estas lágrimas nunca tuvieron permiso para salir, y es capaz de curar las heridas que no sabía que existían. Aparece una nueva comprensión. Ya no experimenta ninguna tensión en absoluto en su cuello y hombros, y se va con un profundo sentimiento de bienestar y plenitud. Este es el poder de la creatividad para sanar.

La creatividad siempre nos advierte a través de una señal que nuestra energía vital se está desacelerando de los bloqueos en el flujo de la vida y la atención. Esto se hace evidente cuando hay cansancio, confusión y aburrimiento. Los bloqueos son signos de juicios o miedos que tenemos en nuestro interior, impidiendo que la luz de la atención sea totalmente canalizada, lo que nos impide seguir nuestro verdadero rumbo. En muchos libros sobre creatividad esto también se conoce como "flujo". Cuando el flujo se detiene, por lo general es un bloqueo en la creatividad que surge a causa de algún pensamiento.

Una de las principales ventajas de las imágenes y la creatividad es la integración. Cuando se producen eventos que nos abruman, ya sea a nivel emocional o físico, la memoria los aloja en el cuerpo y en el cerebro - en el sistema límbico - en forma de trauma y a veces como síntomas corporales. Esto se encapsula para no sobrecargar el sistema. Esta experiencia se integra de forma natural a través del uso de medios de arte e imágenes. La creatividad ha demostrado ser de gran beneficio para las personas que han sufrido eventos traumáticos. Esta va directamente al lugar en el cerebro donde se almacena la memoria, cuando todo el sistema está listo para la curación. Las imágenes surgen, lo que a su vez ayudará a liberar el evento perturbador. De esta manera, la creatividad puede ser de ayuda en el tratamiento psicológico. Lo no verbal puede eliminar la experiencia de nuestro sistema sin pasar por la mente lógica, y obtiene acceso a la curación que va más allá de las soluciones mentales.

En las tradiciones meditativas, se nos pide que enfoquemos nuestra atención. Se dice que somos la atención dentro de nosotros. Si esta se dispersa por todo el cuerpo y la psiquis, un bloqueo creativo nos mostrará dónde se encuentra. Un bloqueo se manifiesta como aburrimiento, confusión o fatiga. Por lo general los bloqueos provienen de los juicios o temores dentro de nosotros, impidiendo que la luz de la atención sea totalmente canalizada. Liberar el bloqueo a través del acto de la creación espontánea permite que la atención fluya libremente y se concentre mucho mejor. Al meditar se puede acceder con más facilidad a esta atención enfocada. Esto también tiene un gran potencial para las capacidades curativas de la creatividad. Se abren nuevas energías dentro del cuerpo para nuestro uso, las cuales una vez desbloqueadas, encuentran su camino hacia las áreas que necesitan sanación. La meditación también ayuda a centrar nuestra atención, lo que nos permite redirigir nuestras energías a una experiencia espiritual más fuerte y centrada.

Tanto la creatividad como la meditación nos ponen en este mismo acto de entrar en el flujo y permiten que la mente esté quieta. En el libro *Flow*, de Mihaly Csikszentmihalyi, él describe cómo el flujo es la focalización de la atención. Relata experimentos neurológicos realizados por el Dr. Jean Hamilton, los cuales compararon experiencias de estudiantes quienes reportaron mucho o poco flujo. Se les dio una tarea que requiere atención y al mismo tiempo se midió su respuesta cortical. Los que habían reportado facilidad con la experiencia de flujo en el pasado tuvieron una disminución en la activación cortical, mientras que quienes tenían una experiencia poco frecuente de flujo tuvieron un aumento en la activación cortical, es decir, más esfuerzo mental. Él resume los datos de esta manera: “La explicación más probable de este hallazgo inusual parece ser que el grupo que reportó más flujo fue capaz de reducir la actividad mental en todos los canales de información, excepto en el involucrado en la concentración del estímulo intermitente”. Este puede sustentar la idea de que la creatividad ayuda a centrar nuestra atención, como lo hace la meditación.

También cree que es en la experiencia de flujo donde se produce la batalla por el orden dentro de la conciencia, y que con la experiencia mejorada de este orden se siente bienestar, acompañado de placer y gozo. Este profundo bienestar puede extenderse a todas las actividades, incluso a las más triviales. La curación ocurre cuando la parte desconocida de nuestro ser produce la integración de los conflictos.

Cuando creamos, en el cerebro se producen estados alterados de forma natural mientras nuestra atención se centra. Cathy Malchiodi dice en el libro *The Art Therapy Source Book:* "El proceso real de creación artística puede aliviar el estrés emocional y la ansiedad al crear una respuesta fisiológica de relajación mediante la alteración del estado de ánimo. Por ejemplo, se sabe que la actividad creativa en realidad puede aumentar los niveles cerebrales de serotonina, la sustancia química que está ligada a la depresión. Otras personas experimentan el arte como una forma de meditación, encontrando paz interior y tranquilidad a través de la expresión artística". Hay meditación activa.

Cuando me acerco a un estudiante que está completamente abstraído al pintar, si se encuentra en el flujo, por lo general hay una respuesta de sobresalto al desconcentrarlo. Esto también ocurre durante la meditación. Recuerdo claramente un momento en que mi hijo pequeño me dio un golpecito en la cabeza mientras meditaba. La reacción de mi cuerpo fue de sobresalto.

Como terapeuta de arte, siempre asumí que había una conexión entre lo espiritual y lo creativo. Sentía que mi creatividad era un don dado por Dios. Mientras me sumergía más en el proceso creativo, sin tratar de hacer un producto o impresionar a nadie, simplemente siguiendo mi necesidad de expresión personal, me encontré con el impulso de la vida dentro de mí que siempre estuvo ahí, a veces viniendo a través de la meditación o de conexiones espirituales con seres receptivos. La creatividad se convirtió en una forma de explorar aquello que conducía hacia esa fuente. La meditación se convirtió en el camino por el cual podía viajar más lejos, dejando atrás todo sentido de mi ser. Empecé a usarlos juntos como una fuerza complementaria, uno abría el paso y el otro me llevaba más allá. Fue entonces que abrí un estudio para compartir con otros el proceso que había encontrado. Nuestros debates sobre el poder de la creatividad a menudo incluían aspectos de lo espiritual: entrando en lo desconocido, soltando el control y experimentando el misterio de la vida. Entre todos comenzaron a fluir percepciones, intuiciones y experiencias espirituales para los participantes. Los pintores se dieron cuenta del poder que tienen el miedo y el juicio para impedir que sientan su plenitud, y lo relacionaron con la forma en que vivían. La vida interior y la vida exterior encontraron un puente a través de la creatividad.

Las investigaciones han demostrado los beneficios médicos que tiene en el cuerpo la práctica de la meditación. Usando estados de creatividad, la investigación también ha demostrado mejoría en la salud física y mental. Se realizó un estudio de investigación con veteranos de la guerra de Vietnam con trastorno de estrés postraumático, que tenían pesadillas graves. Se separaron en tres grupos. Al primer grupo se le pidió dormir como de costumbre y que al despertar de una pesadilla, solo tomaran nota y volvieran a dormir. Al segundo grupo se le pidió escribir la pesadilla cuando despertara y luego siguiera durmiendo. Al tercer grupo se le pidió que dibujara las imágenes de la pesadilla, y luego regresara a dormir. Los resultados revelaron que el primer grupo no experimentó cambios en el número de pesadillas o en su gravedad. El segundo grupo tuvo cierta mejoría al escribirla. El tercer grupo mejoró mucho gracias al uso de imágenes. Este es un claro ejemplo de los poderes curativos de la creatividad en acción. Uno de los beneficios más importantes de las imágenes y la creatividad es la integración. Cuando suceden eventos que nos abruman, ya sea a nivel emocional o físico, la memoria los aloja en el cuerpo y en el cerebro como un trauma y, a veces, como síntomas corporales. A través del uso de medios artísticos e imágenes estos se integran de manera natural.

Después de su proceso creativo, varios de mis estudiantes reportaron una remisión del dolor físico o angustia emocional. Una mujer informó que había tenido dolor crónico durante muchos años. Mientras pintaba, se dio cuenta de la relación de su propio bloqueo en la creatividad debido a la muerte de su hermana. Ella había muerto trágicamente a temprana edad y era recordada por sus habilidades artísticas. Mi estudiante había bloqueado su creatividad, pensando que era dominio de su hermana y de alguna manera estaba conectada a ese dolor. Al explorar a través de la pintura, el dolor crónico fue desapareciendo y resolvió su duelo.

Otra estudiante se encontraba en el trabajo en medio de un conflicto profesional estresante. Ella sintió que otros empleados y clientes la convirtieron en el chivo expiatorio, y como era una persona sensible le resultaba difícil no culparse. A través del proceso creativo, encontró el coraje para poner límites y liberarse del papel de víctima. Se volvió menos depresiva y más adelante cambió de trabajo. Había encontrado un sentido de integridad que la instruyó, sin la culpa, la duda y la crítica.

El poder de la creatividad se puede mejorar con la concentración de la atención. Cuando tomamos conciencia de los pensamientos que puedan estar bloqueando el flujo creativo, pensamientos duros, de juicios, de crítica o de temor, podemos ver que no somos esos pensamientos. Para crear desde un lugar más auténtico, se puede usar una herramienta espiritual. Podemos escribir estos pensamientos en un papel que tengamos al lado de donde estamos creando. Esto es similar a usar un diario para observar los pensamientos que son repetitivos y nos impiden estar presentes en el momento. Además, tomarse el tiempo para estar en el momento presente, ser consciente de lo que está frente al artista, mejora el flujo de la creatividad.

¿Cómo funciona la creatividad? De varias maneras. El acto mismo de la creación tiene efectos poderosos curativos sobre el cerebro y el cuerpo. El cuerpo cambia a una respuesta de relajación, similar a la meditación. Las hormonas también pasan a un modo de curación. El flujo sanguíneo aporta nutrientes y células inmunes. Los neurotransmisores y las endorfinas reducen el dolor. Muchos reportan una pérdida de dolor mientras crean. Dentro de la mente se produce una actitud optimista. Se desarrolla un sentido de autodominio en un mundo interno. Se experimentan sentimientos de alegría y de paz mientras se crean las imágenes, y el cuerpo las percibe reales. Las imágenes le hablan directamente al cerebro como un acontecimiento real. Samuels y Rockwood-Lane dicen en su libro *Creative Healing* que al crearse una imagen, se envía un mensaje a las células del sistema inmune mediante un impulso nervioso, hormonal o neurotransmisor. Entonces las células se activan para comerse las células de cáncer o un virus y envían sangre a la zona.

El cuerpo experimenta las imágenes como reales, lo que permite revivir e integrar las perturbaciones y sustituye las representaciones negativas en la memoria por unas positivas.

La meditación también puede ayudar antes de un proceso creativo. La quietud de la meditación nos puede acercar a la fuente creativa. Entrar en contacto con ella en nuestro interior a través de la creatividad también fortalece y nutre el ser. A través de la práctica de la creatividad, puede darse una expresión que va más allá de lo que las palabras pueden expresar. Esto permite una expresión completa de un pensamiento, memoria o sentimiento. Añada al acto de crear unos minutos de meditación y se puede tener acceso a esa expresión incluso más rápido. Hace poco en una serie de programas sobre el tema de creatividad y el poder de la intención, la primera sesión comenzó sin la meditación. Se le pidió a la gente definir la intención, presentarla y luego hacer un collage usando imágenes que ellos recortaron de revistas que concuerdan con esa intención. A la semana siguiente, se le pidió al grupo meditar primero, y al salir de la meditación, permitir que una intención surja de ellos. Luego se les solicitó continuar con el paso del collage. La mayoría de los participantes dijeron sentirse libres, más relajados y con más capacidad para encontrar una intención que sintieron auténtica después de comenzar con la meditación. Su obra de arte también demostró un mayor sentido de la libertad y de la toma de riesgos. Si al crear comenzamos con un ego disminuido, está a nuestra disposición una experiencia creativa más libre.

¿Cómo le ayuda la creatividad a la meditación? Calmando la mente, mediante la liberación de los pensamientos negativos. Esta puede actuar como el borrador de un tablero, limpiando los pensamientos antes de comenzar a meditar.

Una técnica que utilizo es un diario visual. Cargo un diario en blanco y dos o tres bolígrafos de distintos colores. Cuando me siento mentalmente confundida o angustiada, me pongo a dibujar, detecto un punto fuerte en mi cuerpo y luego lo dibujo con una línea continua que expresa la experiencia dentro de mi cuerpo en puntos diferentes. No levanto el bolígrafo del papel. Me concentro más en la sensación interna en lugar de reproducir el cuerpo, por lo que las partes pueden estar fuera de proporción, infantiles, retorcidas. Puedo usar varios colores en este dibujo y puede tomar de 5 a 30 minutos. No interpreto ni critico, simplemente me expreso de forma espontánea, dejando que el esfero se mueva como quiera, en cualquier dirección, sintiéndolo relacionado con mi cuerpo. Por lo general cuando he terminado, estoy más relajada, más integrada, y a veces tengo una idea del problema. Esto puede ser una buena técnica para utilizar antes de la meditación o con cualquier problema de salud.

A veces la creatividad exige de nosotros una disciplina que surge del anhelo profundo. Nos pide recorrer todo el camino, permanecer trabajando en una obra, aunque no sabemos por qué. Este proceso de acabado nos ayuda a tolerar el malestar con el fin de recibir los beneficios de una atención completa. Aprendemos que somos más fuertes de lo que pensamos y tenemos más energía disponible de lo que creemos.

Cuando nos sentamos a meditar, aprendemos a tolerar lo desconocido y a tener más paciencia para sentarnos. Estas experiencias pueden ser un terreno fértil para la meditación, para el fortalecimiento de nuestra capacidad para permanecer quietos e ir más allá de lo cotidiano hacia una expansión completa del Yo. Stephen Spender, el poeta dice: “El esfuerzo concentrado de escribir poesía es una actividad espiritual que hace que uno se olvide por completo en el momento, que tiene un cuerpo”. La creatividad nos ayuda a olvidarnos de nuestra pequeñez, experimentando así la belleza de un campo más grande y unificado. Esto nos ayuda a medida que avanzamos en nuestra práctica de meditación. Tenemos un punto de partida, una toma de conciencia y la posibilidad de ir más allá del cuerpo, más allá de la mente hacia la unidad de la creación.

De esta manera, al experimentar la creatividad y la meditación como prácticas activas para la curación, he encontrado que la combinación es muy poderosa y de beneficio mutuo. La investigación ha demostrado que la creatividad tiene un impacto directo sobre la biología del cuerpo, la cual tiene un efecto curativo directo. El acto mismo de crear para expresarse a sí mismo ayuda a unificar todos los elementos discordantes de la psiquis que de otra manera pueden contribuir a instaurar un clima de enfermedad. Combinar una práctica creativa con la meditación diaria mejora el potencial para fortalecer nuestro sistema inmunológico, por la liberación de pensamientos estresantes y fomenta un sentido de bienestar (Samuels y Rockwood-Lane, *Creative Healing*).

Barbara Ganin dice en *Art and Healing*: "Los psicoterapeutas, el personal médico y los educadores han vuelto a descubrir el arte como una manera de curar las heridas emocionales creadas por nuestra sensación interna de fragmentación, así como por nuestra percepción de estar separados de los demás. La ciencia médica ha revelado que cuando sanamos nuestras heridas emocionales, también sanamos las heridas del cuerpo. Como resultado, el arte está siendo utilizado con éxito para reducir el estrés fisiológico que causa el mal funcionamiento del sistema inmunológico".

Me gustaría animarlos a todos a buscar una vida más saludable al explorar la creatividad y la meditación como complemento de un tratamiento médico.

Dejo mi estudio ahora. El tiempo empleado en la autoexpresión y el "flujo" me ha descansado y transformado. Se han producido ideas y me siento tranquila. Estoy lista para meditar.

Debbie Purdy, MAAT actualmente imparte talleres y clases sobre el proceso creativo. Tiene un estudio en Albuquerque, Nuevo México, EE. UU. llamado *Creative Wings* (Alas Creativas), y viaja dentro de los Estados Unidos y al extranjero para enseñar el proceso *Creative Wings Painting Process*, un proceso que integra la creatividad y la atención plena. Antes de eso, tuvo un estudio en Elmhurst, Illinois, EE. UU. durante doce años, donde hizo lo mismo.

Forma parte del personal docente con la fundadora del proceso, Michele Cassou, y ha estado enseñando con ella durante doce años, en lugares como el Instituto Esalen y el Centro Zen de Los Ángeles, en California, el Open Center en Nueva York, y Zist en Múnich, Alemania. Tiene una Maestría en Terapia Artística, que recibió de la Escuela del Instituto de Arte de Chicago y una licenciatura de la Escuela de Diseño de Rhode Island en pintura. Trabajó como terapeuta de arte y psicoterapeuta en hospitales como el Billings en la Universidad de Chicago. También tuvo un consultorio privado en centros holísticos.

Además del proceso de formación de pintura, recibió otros entrenamientos como *Focusing, Hakomi y Processwork*, todo lo cual la lleva a una conciencia más profunda de la sensación, como la expresión de la conciencia que surge en el cuerpo. Ha sido meditadora durante cuarenta años, después de recibir la iniciación de Sant Kirpal Singh Ji Maharaj.

CAPÍTULO 7

ESPIRITUALIDAD Y SALUD MENTAL

Por John McGrew, PhD

Desde tiempos inmemoriales, las creencias y prácticas espirituales han proporcionado alivio a quienes enfrentan conflictos y estrés en la vida, prometiendo la ayuda de Dios en tiempos de dificultades. La fe, la creencia, el culto, la oración y la meditación han ofrecido alivio espiritual a incontables generaciones cuando hacen frente a los duros retos de la vida: el sufrimiento, la enfermedad, la discapacidad y la muerte. Sin embargo, en este mundo moderno, se ha puesto de moda desafiar y cuestionar las creencias antiguas, desechando a menudo las ideas espirituales o señalándolas como mitos o supersticiones. Mientras que en el pasado, cuando la gente se hacía preguntas acerca de por qué estamos aquí y cómo ser felices, acudían a los líderes espirituales o al testimonio de maestros espirituales del pasado, hoy en día, cada vez más, buscamos en la ciencia respuestas acerca de nuestro origen, salud y felicidad.

No obstante, hace poco la ciencia ha comenzado a dar algunas respuestas sorprendentes acerca de lo que nos hace felices y saludables, soluciones que son coherentes con las enseñanzas de las tradiciones espirituales. Como ejemplo de esto, ahora hay bastantes pruebas que señalan que en verdad la participación activa en una tradición espiritual, puede agregar tantos años a la vida como dejar de fumar. Hay evidencia del efecto positivo que tiene la espiritualidad en la salud mental. Cada vez hay más pruebas que apoyan este papel benéfico que desempeña la espiritualidad en diversos aspectos de la salud mental, tales como el bienestar, la satisfacción conyugal, la delincuencia, el crimen y el abuso de sustancias.

El accidentado camino hacia el conocimiento: salud mental y espiritualidad

Durante gran parte de nuestra historia, la ciencia y la espiritualidad han tenido una relación llena de baches y en ocasiones difícil. Parte del problema ha sido que ambas tratan de dar respuesta a varias de las mismas preguntas: ¿Cómo fue creado el universo? ¿Qué prácticas curan enfermedades? ¿Puede Dios sanar la enfermedad? Cuando las respuestas han sido diferentes, han surgido conflictos entre la ciencia y la espiritualidad. Durante el Renacimiento, el dualismo cartesiano se propuso como marco para una tregua, relegando a la ciencia al estudio del mundo físico y a la espiritualidad al estudio de la mente o del alma. Sin embargo, con el tiempo, la clara división cartesiana de las zonas exclusivas de conocimiento se ha confundido, y la ciencia y la espiritualidad han entrado a la esfera reservada a la otra. El área de la salud mental y la espiritualidad no ha sido la excepción. Por desgracia, el conflicto fue el primer resultado previsible.

El punto de vista positivo que la psicología y la psiquiatría tienen hoy acerca de la espiritualidad, es relativamente reciente. Hace setenta y cinco años, la postura hacia la espiritualidad se caracterizaba con mucha frecuencia ya sea por la ignorancia deliberada o por la hostilidad. Muchos de los primeros psicólogos y psiquiatras pensaban que las creencias espirituales ejercían una fuerte influencia negativa en la salud mental. Así, el Dr. Sigmund Freud, el padre del psicoanálisis (la primera "terapia de conversación"), afirma en su libro, *El futuro de una ilusión*, que las ideas religiosas "son ilusiones, el cumplimiento de los deseos más viejos, más fuertes y más urgentes" de la humanidad y que el "efecto del consuelo religioso puede ser comparado al de un narcótico". Los fundadores de la psicología del comportamiento, BF Skinner y John Watson, así como Albert Ellis, uno de los autores de la psicología cognitiva, todos eran ateos declarados. La sospecha de que creencias espirituales habían impregnado los campos de la psicología y la psiquiatría, dio lugar a una división marcada entre las creencias de los científicos, psicólogos y psiquiatras, por un lado y las de sus clientes y la población en general, por el otro. Como muestra de esto, mientras que el 93 % de las personas en los Estados Unidos cree en Dios o en un poder superior (Encuesta Gallup 2008), y el 77 % piensa que Dios puede ayudar a curar enfermedades graves (*Time*, 24 de junio de 1996), 28 % de los psicólogos, 21 % de los psiquiatras en la práctica de la salud mental y el 60 % de los psicólogos que enseñan en universidades son ateos o agnósticos.

Dadas estas creencias negativas, quizás no es de sorprenderse que algunas de las primeras investigaciones sobre la espiritualidad intentaran identificar efectos negativos sobre la salud mental. Sin embargo, con el tiempo, algo extraño sucedió. En lugar de mostrar los efectos *negativos*, los hallazgos de manera consistente mostraron resultados positivos. Los científicos, a regañadientes al principio, finalmente respondieron a la evidencia empírica. A finales del siglo XX, la tendencia había cambiado, de modo que en la década de 1990 la Asociación Estadounidense de Psicología publicó una serie de libros influyentes, receptivos a la espiritualidad y la religión. ¿Cuál era esta evidencia? ¿Por qué la ciencia comenzó a aceptar la espiritualidad?

La prueba del efecto positivo de la espiritualidad sobre la enfermedad mental

Existen cientos de estudios que analizan la salud mental y la espiritualidad. Me centraré en el efecto de la creencia y la práctica espiritual sobre cinco áreas representativas: el bienestar, el matrimonio, la delincuencia/el crimen, el consumo de sustancias y la psicopatología, incluyendo depresión, ansiedad, psicosis y suicidio. Al hacer la revisión, me basé en gran medida en el trabajo del Dr. Harold Koenig del Duke Medical School y sus colegas en su libro, *Handbook of Religion and Health*. Además, aunque se han producido algunos hallazgos aislados que muestran una ventaja de un conjunto específico de creencias espirituales, prácticas o religión sobre otra, la gran mayoría de los análisis no encuentran diferencias, en cambio resaltan la importancia de la espiritualidad, sin tener en cuenta la creencia o práctica específica. Por lo tanto, no reviso las investigaciones que comparan las creencias espirituales o afiliación religiosa.

Bienestar. ¿El compromiso con nuestra espiritualidad produce una sensación de bienestar, de salud mental positiva? De los 100 estudios revisados por Koenig y sus colegas, 79 arrojaron pruebas que mostraban que la dedicación (asistencia a funciones religiosas o espirituales y la fortaleza del compromiso espiritual o religioso) se asocia a una mayor felicidad y bienestar. Como ejemplo, una investigación entre más de 6.500 personas encontró que el 50,6 % de los que asistieron a un servicio religioso o espiritual al menos una vez por semana, se mostraron muy satisfechos con sus vidas, en comparación con el 41,4 % de los que informaron su no participación. Por otra parte, en todos los casos, los resultados aplicaban de manera transversal a cada subgrupo racial, étnico, demográfico y espiritual/religioso examinado, incluyendo a las personas jóvenes y mayores, hombres y mujeres, y personas de todos los orígenes espirituales/religiosos y étnicos. Por lo tanto, existe una clara evidencia que muestra que la espiritualidad está relacionada de manera fuerte y coherente con la salud mental positiva.

Satisfacción conyugal. ¿La espiritualidad conduce a una mayor felicidad matrimonial? De acuerdo con el fomento casi universal del matrimonio que se encuentra en las escrituras del mundo, la respuesta es un sí rotundo. 35 de 38 encuestas independientes encontraron una mayor satisfacción marital y menores tasas de divorcio para las personas que informaron tener una mayor participación espiritual. Por ejemplo, en los Estados Unidos, las parejas que asistieron a su templo, sinagoga, iglesia o reunión espiritual de manera regular, tenían menos probabilidades de divorciarse o separarse tanto al principio de su matrimonio, como después de 5 años (7 % frente al 17 %), y posteriormente en su matrimonio, después de 15 años (14 % frente al 37 %). Un factor clave que subyace a las tasas de divorcio más bajas para estas parejas, fue el mayor compromiso personal con el matrimonio, incluyendo la voluntad de resolver problemas. Sin embargo, las tasas de divorcio más bajas no se debían al sacrificio su felicidad personal por un sentido del deber espiritual, como seguir en matrimonios sin amor. En realidad, por lo general las parejas espiritualmente activas tienen matrimonios más felices, y en los estudios sobre el éxito de los matrimonios duraderos, los factores más citados son la creencia espiritual personal y el compartir valores espirituales.

Delincuencia/crimen. ¿Las personas espirituales son menos propensas a involucrarse en actividades delictivas? Ciertamente, las escrituras de todas las tradiciones espirituales enfatizan la honestidad, la vida ética y el respeto por los demás. En la medida en que los individuos sigan las enseñanzas de su tradición espiritual, sería de esperar menos delitos entre quienes tienen una mayor dedicación, y esto es exactamente lo que señala la investigación. De 36 casos reportados por Koenig y sus colegas, el 78 % (28) mostraron menor actividad criminal entre quienes tienen una mayor dedicación espiritual, incluyendo una delincuencia más baja entre los jóvenes y menos criminalidad entre los adultos. Por otra parte, la dedicación espiritual parece disminuir todo tipo de actividades delictivas, violentas y no violentas. Curiosamente, la participación en actividades espirituales (como la asistencia a ellas) se relacionó de manera más fuerte con un descenso en el patrón del comportamiento criminal que simplemente la adopción de creencias espirituales (como por ejemplo, creer en Dios). Es decir, en este contexto, las obras "dicen más" que las palabras. Además de prevenir la delincuencia, los programas con fundamento espiritual pueden ayudar a reducir la reincidencia entre quienes ya están condenados. Para ilustrar esto, los presos que participaron en por lo menos 10 estudios bíblicos, eran mucho menos propensos a ser arrestados de nuevo al año siguiente de ser liberados (14 % frente al 41 %). Por lo tanto, existe una clara evidencia que señala que la dedicación espiritual ayuda a disminuir y/o prevenir el comportamiento criminal y la evidencia inicial muestra que incluso puede ayudar a rehabilitar a los culpables.

Consumo de sustancias. Aproximadamente el 15 % de la población de Estados Unidos va a abusar de sustancias en algún momento de su vida. Tal abuso está asociado con una gran variedad de problemas, incluyendo aumento de enfermedades físicas (como enfermedades cardiovasculares, cáncer, enfermedades hepáticas) y mentales, muerte accidental, homicidio, suicidio y dificultades generales de la vida (pérdida del trabajo, divorcio, etc.). El testimonio de todas las tradiciones espirituales ha sido un potente llamado hacia la moderación y en ocasiones prohibiendo el uso de sustancias (como en la era de la prohibición de bebidas alcohólicas en Estados Unidos entre los años 1919 a 1933). En consecuencia, cabría esperar niveles más bajos de uso y adicción de drogas entre las personas espiritualmente activas, y esto es exactamente lo que la investigación demuestra. De 86 estudios que examinaron la relación entre el consumo de sustancias y la dedicación espiritual, el 88 % reportó una reducción en el uso de alcohol y el 92 % señaló una disminución en el uso de drogas ilícitas. En una investigación con casi 18.000 estudiantes universitarios, aquellos para quienes la espiritualidad era muy importante tenían tres veces menos probabilidades de consumir drogas ilícitas, en particular la marihuana, en comparación con aquellos para los que la espiritualidad no era muy importante.

La espiritualidad también puede ser útil en el tratamiento de trastornos por uso de sustancias. Por ejemplo, Alcohólicos Anónimos, organización que ayuda a las personas a recuperarse del alcoholismo usando 12 pasos para la recuperación, tiene un promedio de tasa de éxito anual del 34 %, un poco mejor que otros enfoques para lograr la sobriedad. Varios de los pasos requieren que el participante se enfoque en su relación con Dios o con un Poder Superior. Otro ejemplo, en una investigación encontró que "buscando mejorar el contacto consciente con Dios por medio de la oración y la meditación, orar para conocer la voluntad de Dios y por el poder para llevarlo a cabo", resultó ser especialmente importante para mantener la sobriedad. Del mismo modo, enfoques con tratamientos basados en la meditación para reducir el consumo de sustancias, también hacen hincapié en la necesidad de contactar a Dios conscientemente. En un análisis de 24 estudios, todos mostraron efectos positivos en la reducción o prevención de consumo de sustancias. Por lo tanto, el contacto con Dios mediante la oración y la meditación puede ser un enfoque particularmente poderoso para la recuperación del abuso de drogas y alcohol.

Psicopatología. En cualquier momento en Estados Unidos, hasta un 25 % de la población sufre de una enfermedad mental y casi el 50 % sufre de algún tipo de enfermedad mental durante su vida. ¿La espiritualidad disminuye las posibilidades de tener una enfermedad mental?

La depresión a menudo es llamada el resfriado común de las enfermedades mentales, ya que afecta a muchas personas. Las investigaciones sobre la relación entre la espiritualidad y la depresión han examinado dos temas principales: si la participación espiritual actual *previene* la enfermedad, y si las intervenciones basadas en la espiritualidad ayudan a *aliviar* la depresión ya desarrollada. Entre más de 100 estudios de depresión y espiritualidad, el 65 % encontró que la mayor dedicación se asocia con una menor depresión actual, el 68 % con una menor depresión en el futuro, y 63 % encontró que las intervenciones basadas en la espiritualidad fueron útiles en el tratamiento de la depresión.

Por otro lado, aproximadamente la tercera parte de los análisis que encontraron efectos negativos o mixtos, parecen resultar así en parte por las diferencias en cómo los individuos se enfocan en la espiritualidad. Esto es, algunos tipos de participación espiritual tendían a conducir a una mayor depresión, no a disminuirla. Las personas que tendían a culpar a Dios, que eludieron los problemas sumergiéndose en actividades espirituales o que se acercaron a la espiritualidad por sus recompensas externas (contactos empresariales o sociales), en lugar de una conexión interior con Dios, tenían niveles más elevados de síntomas depresivos. Así, aunque la espiritualidad puede ayudar tanto a prevenir como a tratar la depresión, quienes se enfocan en la espiritualidad como una manera de buscar una conexión interior con Dios, tienden a tener mayores probabilidades de mostrar beneficios.

La enfermedad mental y el suicidio a menudo están vinculados, hasta un 90 % de las personas que se suicidan sufren de algún tipo de enfermedad mental. En 2008, el suicidio fue la décima causa principal de muertes en Estados Unidos, lo que representa alrededor del 1,5 % de todas las muertes. La mayoría de las tradiciones espirituales condenan el suicidio. En consonancia con estas prohibiciones, de 68 casos sobre la asociación entre la dedicación espiritual y el suicidio, el 84 % informó de un menor número de suicidios y actitudes más negativas hacia el suicidio entre las personas espirituales. Significativamente, ninguno encontró mayores tasas de suicidio entre las personas con un mayor compromiso espiritual. Por lo tanto, hay pruebas muy claras que señalan que la participación espiritual conduce a actitudes más negativas hacia el suicidio y un menor número de suicidios.

Los trastornos de la ansiedad van desde simples miedos irracionales llamados fobias, hasta una enfermedad compleja y con frecuencia debilitante, como un trastorno obsesivo compulsivo severo o un trastorno de pánico. La mayoría de los análisis en esta área han examinado "la neurosis", una tendencia a preocuparse y a estar inquieto debido a lo que produce turbación. Sin embargo, la calidad de estos es bastante variable. Las investigaciones más fiables examinaron el desarrollo futuro de la ansiedad entre individuos sanos en la actualidad y el efecto de las intervenciones espirituales para aliviar la ansiedad entre los ya afectados. Los estudios proporcionan una fuerte evidencia que muestra que el compromiso espiritual se asocia con menos ansiedad y más del 80 % de ellas apoyaron el efecto positivo de la espiritualidad en la reducción de la ansiedad. Por ejemplo, los análisis han demostrado que tanto la meditación devocional cristiana, que consiste en la oración, la lectura de la Biblia y la reflexión sobre material bíblico, como la meditación budista consciente, pueden reducir en gran medida la ansiedad y los síntomas de pánico en las personas que sufren de un trastorno de ansiedad. Además, de forma similar a los hallazgos con la depresión, también hay evidencia señalando que quienes recurren a la espiritualidad por motivos externos relativos a la condición social o buscando contactos sociales, son más propensos a la ansiedad, mientras que los que apelan a la espiritualidad buscando la conexión interior con Dios tienden a ser menos ansiosos. Por lo tanto, existen pruebas de que la espiritualidad puede ser útil tanto para prevenir como para tratar la ansiedad.

Los trastornos psicóticos son la forma más grave de la enfermedad mental. Las personas afectadas con estos trastornos suelen padecer la enfermedad de por vida, lo que puede comprometer seriamente su capacidad para trabajar, tener una familia y ser independientes. En el pasado, se tuvo la creencia generalizada entre los médicos que las personas con psicosis, especialmente la esquizofrenia, estaban preocupados con asuntos espirituales. Así, la gran expectativa era que la participación espiritual tendería a "alimentar" y exacerbar cualquier psicosis subyacente. Esta preocupación parece ahora en gran parte no tener fundamento. De hecho, las personas con esquizofrenia no parecen estar más preocupadas con la espiritualidad que quienes no son enfermos mentales y tienden a mostrar niveles más bajos, no superiores, de dedicación espiritual. Además, de los pocos análisis que han examinado el asunto, la mayoría encuentran que la espiritualidad ni tiene relación, ni disminuye la probabilidad de psicosis, con uno solo que informó que el compromiso espiritual provocó más psicosis. Una muestra de esto, es que las personas admitidas a tratamientos de esquizofrenia tenían menos probabilidades de regresar al hospital si decían oraciones al menos una vez al día, si sus familias los animaban a continuar asistiendo a los servicios espirituales durante su estadía en el hospital o si manifestaron tener una afiliación con una tradición espiritual. Haciendo un balance, en lugar de aumentar la psicosis, la dedicación espiritual parece tender más a reducir la probabilidad de psicosis y de síntomas psicóticos.

Explicaciones de la asociación entre la espiritualidad y una mejor salud mental

Existe una evidencia clara que señala que el compromiso espiritual conduce a un aumento de la salud mental positiva (sensación de bienestar, felicidad, satisfacción conyugal) y a una disminución de las enfermedades mentales. Lo que está menos claro es por qué. Pocos estudios han examinado explícitamente los posibles factores subyacentes que pudieran explicar la asociación entre la espiritualidad y la salud mental, y de ellos, la mayoría se han limitado a examinar las explicaciones psicológicas, sociales y fisiológicas contrarias a las espirituales (la gracia de Dios). Sin embargo, se han sugerido varias explicaciones y muchas de ellas tienen algún apoyo empírico.

Muchas tradiciones espirituales promueven un estilo de vida saludable personal que fomenta el comportamiento saludable (alimentación vegetariana, higiene, estado físico, yoga) y se oponen a los comportamientos de riesgo (uso excesivo de alcohol, comer en exceso, glotonería y promiscuidad sexual). Por ejemplo, *Sant Mat*, el sendero que sigo, prescribe una alimentación vegetariana y prohíbe el uso de alcohol y de drogas ilícitas. Ambos comportamientos - el fomento de la salud y la disminución del riesgo - se han asociado a una mejor salud mental (por ejemplo, el ejercicio y la disminución de consumo de alcohol tienden a estar relacionados con menores tasas de depresión).

Las tradiciones espirituales también tienden a promover la integración y el apoyo social. Las comunidades espirituales son una fuente confiable de ayuda tangible (ayuda alimentaria, caridad, cuidar a los niños o proporcionar transporte), y de apoyo social y emocional (asesoría, consejería espiritual, fuente de hermandad y amistad), y le da a los miembros un sentido de pertenencia a una comunidad más grande. Numerosas investigaciones han demostrado que las personas con mayores niveles de apoyo y conectividad social tienen una mejor salud mental y física. Además, las organizaciones espirituales también fomentan el trabajo voluntario hacia la sociedad, y hay pruebas mostrando que el servicio a los demás lleva a una mejor sensación de bienestar.

La espiritualidad proporciona un sentido de significado y propósito. Cuando la vida se ve sin sentido, los eventos cotidianos pueden ser más difíciles de soportar, lo que conduce a una variedad de reacciones de estrés. La espiritualidad ofrece una visión del mundo que puede dar un contexto para entender las adversidades del destino, permitiendo que las personas sitúen los acontecimientos en una perspectiva más amplia y comprensible. Las creencias espirituales le dan a la gente un sentido de coherencia, la capacidad de dar significado a su vida, en lugar de creer que son víctimas de un universo casual y despreocupado. Es importante destacar que se ha relacionado un sentido de coherencia y significado en muchos estudios con una mejor salud mental y con la reducción de los niveles de estrés.

La espiritualidad también puede dar a la gente una sensación de valor, autoestima y control. Un ejemplo de esto es que a menudo las tradiciones espirituales enseñan que todos los hombres son hijos de Dios y son amados y valorados por Él. Además, la mayoría de ellas enseñan que Dios es todopoderoso y que todas las cosas son posibles para Él. Estar en armonía con alguien poderoso, como Dios, puede dar a las personas una sensación indirecta de control. También hay alguna evidencia que muestra que la dedicación espiritual está relacionada con una autoestima más alta. Es más, la sensación de control y autoestima ha sido relacionada de manera coherente con la reducción de enfermedades mentales.

La espiritualidad tiende a dar a las personas una sensación de paz, estabilidad y emociones positivas. Así, los rituales espirituales pueden ser reconfortantes en momentos de dificultad, como cuando hay una enfermedad o pérdida, y también proporcionan una manera predecible y fiable para celebrar y conmemorar los hitos importantes de la vida, como el nacimiento, el comienzo de la edad adulta, el matrimonio y la muerte. Las enseñanzas espirituales también prometen la ayuda y el consuelo de Dios. Esto puede invocar un sentido de optimismo y esperanza de cambio positivo que puede funcionar de manera similar al efecto placebo. Además, las técnicas de conexión, tales como la oración y la meditación han demostrado que producen una sensación de bienestar y paz.

Aunque todas las anteriores son explicaciones plausibles para la utilidad de la espiritualidad en el fomento y mantenimiento de una mejor salud mental, para la persona espiritual, todas se quedan cortas. Es decir, ninguna considera seriamente el principio central de la creencia espiritual: la inmanencia o la presencia de Dios o el Poder superior, y la gracia de Dios en el mundo y en la vida de los seguidores de Dios. Para el creyente espiritual, cualquier explicación de la relación entre espiritualidad y una mejor salud mental, es incompleta sin la inclusión de la noción en la que Dios interviene activamente en la vida de la humanidad en su beneficio. En cambio, la espiritualidad enseña que Dios "sana todas nuestras enfermedades". Es decir, Dios está activo en el mundo, Dios responde las oraciones y sana a los afligidos. Normalmente la ciencia se limita a las explicaciones materiales. Sin embargo, hace poco la ciencia ha comenzado a aportar pruebas de la eficacia de la sanación espiritual. En una revisión reciente de la evidencia por parte del Dr. Daniel Benor, aproximadamente dos tercios de los más de 190 experimentos controlados examinados, mostraron un efecto positivo, estadísticamente significativo de la sanación espiritual en los seres vivos, incluyendo plantas, animales y seres humanos. Es decir, los estudios señalaron un valor casi *trece veces* mayor al 5 % que se esperaría si los resultados fuesen simplemente debidos a accidentes afortunados o factores aleatorios. Así, tanto la espiritualidad como la ciencia ofrecen razones para creer en la intervención activa de Dios o Espíritu para ayudar a mantener y fomentar la salud mental. Es evidente que hay mucho más trabajo por hacer para comprender la relación entre la espiritualidad y la salud mental. Sin embargo, una comprensión completa tendrá que considerar tanto las explicaciones materiales (fisiología, psicología, factores sociales) *como* las espirituales.

Qué significa para nuestra vida

Hay varias lecciones que se derivan de nuestro estudio de la asociación entre la espiritualidad y la salud mental. En primer lugar, el factor más importante asociado con una mejor salud mental es la asistencia constante a servicios espirituales. Es decir, aunque las creencias o sentimientos espirituales se han asociado a veces con la salud mental, la práctica activa de la espiritualidad, en especial la asistencia regular a los servicios o reuniones espirituales, se relaciona con mucha más fuerza. Por lo tanto, una lección es que la creencia espiritual, sin la acción y sin su aplicación en la vida, no es muy eficaz. Por ejemplo, Ciencia de la Espiritualidad, recomienda la asistencia regular al *satsang*, es decir, a una charla espiritual y a la meditación en grupo, así como la práctica de la meditación diaria.

Otro hallazgo importante es que las comparaciones entre las distintas tradiciones espirituales, con pocas excepciones, rara vez muestran diferencias en los resultados relativos a la salud mental. Quienes están espiritualmente involucrados tienden a tener una mejor salud mental que los que no lo están, independiente de la tradición espiritual o la práctica específica seguida. Así, una segunda lección parece ser que lo que importa no es la tradición espiritual que se adopte, sino la profundidad y constancia con que se siga. En este sentido, los maestros de Ciencia de la Espiritualidad señalan que no se requiere cambiar nuestra religión, sino que tenemos que llegar a ser verdaderos seguidores de ellas.

Un tercer hallazgo es que las personas que siguen un camino espiritual por razones externas, como los contactos sociales en la comunidad, en realidad pueden mostrar efectos negativos de la espiritualidad. En contraste, las personas que siguen un camino espiritual por razones internas, de conexión y cercanía a Dios, muestran efectos positivos de la espiritualidad en su salud mental. Otra lección es que la espiritualidad no debe ser practicada por sus recompensas externas, sino por su capacidad para cambiarnos, para ayudarnos a formar una conexión interna con Dios. Como se ha señalado por los maestros de Ciencia de la Espiritualidad, el propósito de la religión no es conseguir más cosas o lograr una vida más cómoda, sino es alcanzar la autorrealización y la realización de Dios.

Una lección relacionada es que ciertas prácticas, especialmente las que tratan de producir una cercanía interior y contemplativa con Dios, como la meditación, pueden ser particularmente eficaces en el fomento de la salud mental. Es más, la meditación no solo promueve la salud mental, también reduce las enfermedades mentales en quienes las tienen. Así, el desarrollo de una práctica meditativa se puede recomendar como medida preventiva y como una intervención de curación. Sant Rajinder Singh Ji Maharaj, el actual Maestro de la meditación en la luz y el sonido interior, habla de la meditación como estar receptivo y abierto a Dios. A este respecto, es importante señalar que las prácticas de meditación típicamente requieren la ayuda de un profesor. En mi vida, quedé sorprendido y transportado por la profunda diferencia en mi experiencia interna de la meditación, después que recibí la iniciación de mi maestro espiritual, Sant Darshan Singh Ji Maharaj, y la guía y la ayuda constantes en la meditación por parte del maestro espiritual actual, Sant Rajinder Singh Ji Maharaj.

Reflexiones finales

La enfermedad mental es potencialmente debilitante, con profundos efectos negativos para la víctima, su familia y su vida personal. Los psicólogos y psiquiatras han trabajado diligentemente durante más de 100 años para encontrar las causas y los tratamientos eficaces de enfermedades mentales y para identificar los factores que promuevan la salud mental y la felicidad. En su larga búsqueda de tratamientos útiles, a menudo los profesionales de la salud mental han mirado con recelo a la espiritualidad, viéndola como si causara más daño que bien. Es irónico que, recientemente, la espiritualidad se haya convertido en una intervención efectiva y casi universalmente aplicable para prevenir y tratar las enfermedades mentales.

Como psicólogo y como persona espiritual, me he visto frustrado por la desconfianza y la falta de comunicación que a veces han plagado la relación intermitente entre la espiritualidad y la ciencia. Me ha inspirado que la práctica científica y el conocimiento espiritual puedan conciliarse, mediante los ejemplos de mis maestros, Sant Darshan Singh Ji y Sant Rajinder Singh Ji, un maestro espiritual que también es un científico preparado. Además, en mis muchos años como profesor y psicólogo clínico profesional, me he encontrado con la influencia espectacular y saludable de la espiritualidad para mejorar la vida de mis estudiantes y pacientes. La creencia y la práctica espiritual traen esperanza cuando todo lo demás falla. Espero que este capítulo ayude a reducir la brecha entre estos puntos de vista a menudo dispares, al ilustrar los efectos sinérgicos que pueden ocurrir cuando la ciencia y la espiritualidad se aplican seriamente al problema de la salud mental. Como Sant Rajinder Singh Ji ha dicho: "La ciencia y la espiritualidad llegan a la misma verdad, pero lo hacen de modo diferente".

John McGrew, obtuvo su PhD en Psicología Clínica en la Universidad de Indiana. Actualmente, es profesor de psicología y Director de Formación para el Programa de Psicología Clínica en la Universidad de Indiana – Purdue University Indianapolis, donde sirve como administrador, educador e investigador. Su investigación se enfoca en prácticas basadas en evidencias para apoyar y tratar a dos poblaciones diferentes de personas con enfermedad mental: quienes tienen una enfermedad mental grave y aquellos con autismo. Su trabajo ha sido apoyado por más de quince becas y contratos de los gobiernos nacional, estatal y local de Estados Unidos y por fundaciones. El Dr. McGrew es coeditor de un libro sobre la práctica psicológica en un sistema de salud cambiante y coautor de un libro sobre un nuevo modelo de consultoría para mejorar los resultados educativos de los niños con autismo. Además, ha publicado más de 60 artículos en libros o revistas profesionales y realizado más de 75 presentaciones en congresos nacionales y regionales.

CAPÍTULO 8

PREGUNTAS FRECUENTES SOBRE LA SALUD MENTAL Y LA ESPIRITUALIDAD

Por Marshall O. Zaslove, MD

Una de cada cinco personas en los Estados Unidos sufre de una enfermedad mental, y las familias y comunidades de muchos millones más sufren las consecuencias de estos trastornos.[1] Como la enfermedad mental está tan extendida y dado que he practicado la psiquiatría por cuarenta años y también he sido un estudiante de Ciencia de la Espiritualidad, la gente con frecuencia me hace preguntas sobre la relación entre la psiquiatría y la espiritualidad.

Como ayuda para responder a estas preguntas, tuve la buena fortuna de estar presente en muchos debates sobre los aspectos espirituales de la medicina y de la psiquiatría con el Maestro espiritual Sant Darshan Singh Ji Maharaj durante los catorce años de su misión. Sant Darshan Singh Ji tuvo un interés personal en ayudar a resolver los problemas que la gente le traía y tenía un conocimiento amplio y profundo de los temas médicos y de la psicología, y su papel en la vida del buscador espiritual. Estas conversaciones, algunas veces al lado de la cama de los pacientes, otras en automóviles o en los aeropuertos y que en ocasiones se extendieron por varias horas, representan para mí la información más precisa, detallada y prometedora sobre la espiritualidad y la psiquiatría.

Lo que sigue es un intento de dar vida a este fideicomiso sagrado, al transmitir de la mejor forma que me sea posible algo de la sabiduría que dejó a nuestro cuidado en un espíritu de servicio amoroso por el enfermo y angustiado, de lo cual fue un ejemplo incansable.

De igual forma, durante los últimos veinticinco años Sant Rajinder Singh Ji Maharaj ha respondido preguntas y ha dado charlas sobre el estrés, la depresión, el abuso de sustancias, etc. Trataré de resumir esta información o de indicar dónde puede ser consultada.

Las siguientes son algunas de las preguntas que los buscadores espirituales, los estudiantes de Ciencia de la Espiritualidad, mis pacientes y sus familias y amigos, y los médicos y asistentes han hecho sobre psiquiatría y espiritualidad. En todos los casos he guardado en el anonimato la identidad de quien pregunta para dar las respuestas que el lector interesado pueda considerar de utilidad.

ADVERTENCIA: *Lo que sigue es solo informativo. Si el lector sufre de una enfermedad mental diagnosticable, debe buscar ayuda profesional; no usar lo que sigue como una prescripción para un tratamiento o manejo individual.*

Buscar un tratamiento

Los psiquiatras no han tenido una reputación de ser receptivos a la espiritualidad, quizás porque el 65 % de ellos reporta no haber sido entrenado en temas espirituales.[2] Como resultado muchos estudiantes espirituales han preguntado si debieran tomar un tratamiento psiquiátrico y qué podrían experimentar si lo hacen.

Pregunta: Soy una persona con inclinaciones espirituales. ¿Debería buscar tratamiento psiquiátrico para mis síntomas mentales o dejarlo todo a Dios para curarme?

Dr. Zaslove: La respuesta corta: "Sí", si lo necesita busque tratamiento profesional, y "No" por lo general no deberíamos "dejarlo todo a Dios".

La investigación demuestra que incluso el proceso normal de pensamiento es susceptible al error y los malentendidos. Las percepciones distorsionadas y el pensamiento y el juicio confusos son síntomas comunes de enfermedades mentales y emocionales. Una persona con una enfermedad mental quizás ni se de cuenta que tiene dicha enfermedad.

Si usted o un ser querido sufre de síntomas mentales serios, lo mejor sería buscar una evaluación por parte de un profesional competente. Las últimas investigaciones muestran que un tratamiento temprano de la enfermedad mental puede prevenir su avance a condiciones más serias. Una acción a tiempo puede salvar la vida: por ejemplo, tanto el trastorno depresivo como la psicosis están asociadas a tasas de mortalidad elevadas desde el suicidio (1 de cada 10, comparada con el suicidio de 1 por cada 100.000 para la población general).

Además, muchos síntomas aparentemente "mentales" de hecho pueden ser causados por condiciones médicas tales como enfermedad de la tiroides, carencia nutricional, heridas en la cabeza, efectos colaterales de los fármacos, un derrame cerebral, abuso o retiro de sustancias, enfermedades coronarias, infecciones, etc., y por lo tanto pueden ser tratadas eficazmente si se hace un diagnóstico preciso por parte de un profesional.

Pregunta: ¿Cómo sé si mis síntomas mentales son lo suficientemente serios como para ir donde un psiquiatra, en lugar de esperar y solo meditar y llenar el diario (un registro de la práctica de la vida ética y la meditación) con la esperanza de mejorar?

Dr. Zaslove: La vida tiene sus altibajos y una cierta cantidad de estrés, tristeza, ansiedad, etc., es la cuota usual de cada persona. Nuestros Maestros espirituales nos dicen que estas emociones dolorosas se aminoran si seguimos una meditación precisa y diaria bajo la guía de un experto, y perseguimos el ideal de una vida ética (que para los estudiantes de esta ciencia, incluye llevar cada día el diario espiritual). Gradualmente, somos menos afectados por el mundo físico y sus inevitables presiones, heridas y desilusiones.

Los cambios importantes de la vida pueden disparar más síntomas molestos, tales como la congoja y el aislamiento después de la muerte de un ser querido o de un divorcio; estos síntomas pueden ser auto-limitados y a menudo pueden ser manejados con nuestros propios esfuerzos, por ejemplo el uso de ciertos remedios homeopáticos simples. Si el auto-tratamiento no es suficiente, una asesoría para la crisis por parte de un profesional o incluso de un amigo de confianza puede ayudar.

Sin embargo, si los síntomas mentales persisten y también interfieren con nuestra habilidad para trabajar o estudiar o mantener nuestras relaciones por un periodo de tiempo significativo, entonces se necesita una evaluación y un tratamiento. También, si estamos muy ansiosos, deprimidos, nerviosos o muy perturbados para meditar, entonces un tratamiento puede ayudarnos a recuperar la marcha en el sendero espiritual. Si nuestra confusión interna no nos permite meditar y con ello trascender nuestros problemas, entonces el tratamiento (que puede incluir la prescripción de medicamentos) podría ayudarnos a recuperar nuestro equilibrio.

Finalmente, quien tenga pensamientos suicidas u homicidas, o sea incapaz de dormir o de comer al punto del daño físico no debería esperar, *busque ayuda profesional de inmediato.*

Pregunta: ¿Pero el tratamiento psiquiátrico no interferirá con mi progreso espiritual?

Dr. Zaslove: No, precisamente lo contrario; la enfermedad mental no tratada entorpecerá nuestro progreso espiritual. Para avanzar y tener éxito en cualquier empresa importante, se necesita que todas nuestras facultades estén funcionando plenamente, y la espiritualidad no es la excepción.

Los Maestros espirituales nos recuerdan que un cierto grado de enfermedad debe manifestarse a nivel humano, pasando por los canales usuales de la evaluación y el tratamiento médico. Podemos tener karmas para ser liquidados con nuestros doctores, enfermeras y otros terapeutas; los Maestros agregan que los profesionales de la salud siguen una vocación superior (como los profesores).

A los estudiantes de un Maestro espiritual de *Sant Mat* se les puede aliviar sus karmas de enfermedad, y la meditación diaria puede diluir los nuevos karmas adquiridos. Sin embargo, como regla general, si la deuda kármica debe ser pagada aquí para evitar el tener que regresar de nuevo en la forma física, entonces podemos experimentar la enfermedad.

La espiritualidad es un sendero de esperanza y es un antídoto contra la depresión y la ansiedad. Incluso cuando enfrentamos la enfermedad mental más seria, en mi experiencia personal, nunca hay una razón para perder la esperanza. La ayuda está disponible, tanto a nivel interno como externo, y los síntomas mentales pueden ser tratados, manejados, controlados y a menudo curados. No existe razón alguna para evitar conseguir ayuda debido al desánimo y la desesperanza. He visto muchos pacientes con diagnósticos psiquiátricos muy serios recobrar su salud con el tiempo, especialmente aquellos que meditan diariamente y llevan el diario espiritual prescrito por esta ciencia.

La oración sincera es una parte importante de nuestra vida, pero nuestros maestros nos recomiendan que la oración más el esfuerzo es más efectiva que la oración sola. Explican que, mientras la gracia del Señor está siempre disponible, nuestros propios esfuerzos producen incluso más gracia, lo que nos inspira a un mayor esfuerzo, etc., en un círculo virtuoso. Este principio se aplica no solo para la curación sino también para todos nuestros esfuerzos.

Hacer el esfuerzo para buscar ayuda y pasar por el proceso de tratamiento es una sana decisión tanto desde la perspectiva del mundo como de la espiritual.

Pregunta: ¿Pero qué tal que el psiquiatra diga que necesito tomar medicinas? ¿No interferirán estas drogas con mis meditaciones?

Dr. Zaslove: En mi experiencia clínica, los tratamientos farmacológicos modernos para los síntomas mentales y emocionales no parecen interferir mucho con la meditación ni con otras prácticas espirituales. Si se prescriben cuidadosamente solo cuando es indicado y en dosis apropiadas, también son más efectivos que los tratamientos del pasado.

Personalmente les he ayudado a muchos de mis pacientes que estaban tomando medicinas psiquiátricas enseñándoles a meditar y con frecuencia tenían muy buena concentración y experiencias en la meditación mientras tomaban sus medicinas.

Los psiquiatras y los buscadores espirituales

Pregunta: Hace varios años asistí donde un psiquiatra pero me desanimé por su actitud intolerante hacia mis prácticas espirituales. Dijo que me estaba retirando del mundo real. ¿Es esta una experiencia común?

Dr. Zaslove: Sí, lo creo así porque muchos aspirantes espirituales han expresado quejas similares sobre los psiquiatras y otros psicoterapeutas. Es cierto que en el pasado muchos psiquiatras pensaban que las prácticas espirituales y religiosas de sus pacientes fueron irrelevantes o incluso problemáticas, en vez de influencias positivas y útiles en el tratamiento psiquiátrico.

No reconocer plenamente el valor positivo de la espiritualidad ha sido definitivamente una falla de la psiquiatría (y de la medicina en general) quizás debido a una falta de formación. Antes de 1994, solo tres facultades de medicina en Estados Unidos enseñaban cursos sobre temas espirituales o religiosos.[4]

Afortunadamente, esto ha cambiado. La psiquiatría no puede ignorar más el número creciente de estudios que sugiere que la espiritualidad puede afectar positivamente la salud mental.[5]

Pregunta: ¿Por lo tanto están los psiquiatras entrenados para ser más tolerantes ahora?

Dr. Zaslove: Desde 1995, en los Estados Unidos se requieren programas de entrenamiento psiquiátrico para abordar la espiritualidad y la religión en sus cursos y las guías prácticas de la Asociación Americana de Psiquiatría ahora abogan por "una evaluación clínicamente respetuosa" de las creencias espirituales y religiosas de cada paciente evaluado.[6]

¿El entrenamiento y las recomendaciones oficiales les han ayudado a los psiquiatras a comprender más las necesidades y preferencias espirituales de sus pacientes? En una encuesta más de la mitad de los psiquiatras dijo que la espiritualidad era "muy importante" y que recomendarían "una intervención espiritual tal como la meditación" para sus pacientes, si se lo encontrara útil. Están apareciendo debates en las revistas psiquiátricas sobre temas acerca de cómo los médicos pueden diferenciar la depresión clínica de "la noche oscura del alma" del buscador espiritual (un periodo incómodo en el cual tanto las satisfacciones externas como las experiencias espirituales internas no están disponibles).

Por supuesto, los programas de entrenamiento, las respuestas a las encuestas y los artículos en las revistas de psiquiatría no pueden predecir lo que en realidad encontrará al consultar un psiquiatra.

Pregunta: Entonces, ¿cómo puedo encontrar a un psiquiatra o psicoterapeuta que entenderá la importancia que tienen para mí, mis prácticas espirituales?

[En mi experiencia, esta es la pregunta hecha con más frecuencia sobre espiritualidad y psiquiatría].

Dr. Zaslove: Primero, por lo general es cierto que "la gente buena conoce otra gente buena", entonces podría pedirle a un amigo o a un profesional con inclinaciones espirituales que le recomienden un profesional que comparta su interés por la espiritualidad.

Otra medida apropiada podría ser buscar en la Internet las referencias cada vez mayores sobre literatura psiquiátrica y la importancia de la espiritualidad en el tratamiento, y contactar a alguno de los autores para que lo remita a alguien de su área.

Hay algunas organizaciones de profesionales interesadas en la espiritualidad, y sus sitios web pueden ser útiles. Como los programas de residencia ahora requieren que estén orientados hacia las necesidades espirituales de los pacientes, un médico con un entrenamiento reciente, pudiera ser más receptivo. También, la gente me ha mencionado que es más probable que los médicos de las culturas donde tradicionalmente la religión y la espiritualidad son una parte aceptada de la vida diaria estén en armonía con las aspiraciones espirituales de uno.

Entrevistar al profesional brevemente por teléfono antes de hacer la cita, es un procedimiento generalmente aceptado. Puede mencionar que es un estudiante de espiritualidad y luego juzgar a partir de la respuesta del doctor a esta información, si puede trabajar con él.

Cómo hablarles a los psiquiatras

Pregunta: ¿Cuál es la mejor forma de contarle a un psiquiatra o psicoterapeuta sobre mi búsqueda de Dios para que entienda?

Dr. Zaslove: El sentido común sugeriría no decírselo a su psiquiatra en la primera visita: "Necesita saber que toda mi vida está completamente dedicada a la búsqueda de mis metas espirituales, sin importar nada. Mi trabajo interno está primero que mi familia, que mi trabajo e incluso que mi salud. Y no trate de cambiar esto". Tenga en cuenta que su psiquiatra estará buscando los excesos en sus pensamientos y acciones que tienden a caracterizar ciertos desórdenes mentales.

De hecho, Sant Darshan Singh Ji y Sant Rajinder Singh Ji se han esmerado en recordarnos que esta es una ciencia de *misticismo positivo*, lo que significa *balancear* nuestro trabajo espiritual y nuestras obligaciones con la familia, la comunidad y la sociedad. Si analizamos las vidas de los Maestros espirituales de esta ciencia, vemos que ellos cumplen con alegría y amor todos sus deberes familiares y sociales, trabajan duro y exitosamente en sus profesiones y con todo, también alcanzan su meta espiritual.

Si le informan a su psiquiatra que lograr sus aspiraciones espirituales es muy importante, pero que están buscando un equilibrio en todas las áreas de su vida, probablemente obtendrán una mejor respuesta.

Además, los psiquiatras son científicos entrenados a nivel médico, dedicados al método científico. Explicarle a su doctor que en realidad practica la espiritualidad como una ciencia en la cual está probando las hipótesis de la espiritualidad y no siguiendo una creencia ciega, también puede tranquilizarlo. Puede agregar que sus prácticas espirituales, en especial la meditación regular, son un apoyo y una ayuda para mantener la moderación y la objetividad en su vida y no son destructivos. Podría recordarle a su médico la inmensa investigación que muestra que la práctica de la meditación ayuda a reducir el estrés, la depresión, la ansiedad, el comportamiento adictivo, etc.[7] Los médicos conocen cada vez más esta información.

La meditación y los trastornos mentales comunes

Pregunta: Tengo muchas fobias y las medicinas no me han ayudado mucho hasta ahora. ¿Me ayudará la meditación?

Dr. Zaslove: Sí, la meditación puede ayudar; yo mismo lo he visto. Hace unos años, después de un taller de meditación en el sur de California, una mujer subió al estrado y me contó la siguiente historia:

Hacía unos dos años, había desarrollado una fobia severa o miedo a volar en aviones. Se aterrorizaba tanto antes de volar, que primero tenía que pasar por el bar del aeropuerto y beber casi hasta insensibilizarse para poder abordar el avión.

Me dijo que buscó tratamiento para sus síntomas fóbicos con un psicoterapeuta, con medicinas, y con yoga y ejercicios de relajación, pero nada resolvía el problema completamente.

Finalmente, comenzó a meditar usando un método sencillo de concentrar la atención mientras relajaba el cuerpo. Dijo que al meditar diariamente, poco a poco comenzó a relajar tanto su tensión mental como física y después de un año, o algo así, su miedo a volar desapareció.

Ella es azafata de una aerolínea.

La meditación no solo le ahorró la miseria de un trastorno mental doloroso, sino que también salvó su profesión.

Pregunta: ¿Es seguro meditar para la gente con trastornos mentales serios, tales como la psicosis?

Dr. Zaslove: A partir de mi experiencia clínica, pienso que por lo general es seguro, pero solo si la persona cuenta con una guía apropiada y practica un método seguro de meditación.

Varias decenas de mis pacientes con esos trastornos graves han aprendido a meditar y he meditado con ellos, y también los he observado a la mayoría de ellos inmediatamente después de meditar, y por periodos de tiempo de meses y años, después de eso.

Aunque unos pocos de estos pacientes no han podido enfocar su atención lo suficientemente bien para meditar, muchos otros pudieron hacerlo. Personalmente no he observado efectos dañinos de la meditación en este grupo de individuos.

Sin embargo, esta afirmación necesita ser restringida: el método de meditación usado en todos los casos fue muy sencillo y natural, involucraba la relajación física y la concentración voluntaria de la atención, como es enseñado en *Sant Mat.* No se usaron ejercicios de respiración, ni cantos, ni visualizaciones, ni se enfocaron en la *kundalini* o en los chakras inferiores, etc. Las meditaciones duraban usualmente de quince a veinte minutos, y para los pacientes era claro que podían terminar el proceso a la más ligera incomodidad.

Si pensamos en ello, las enfermedades mentales graves, tales como la psicosis, implica que nos alejamos de la realidad. Como la meditación, practicada apropiadamente, nos acerca más y más a la realidad, de hecho es una ayuda en tales condiciones.

Pregunta: ¿Exactamente cómo la meditación le ayuda a la gente con trastornos mentales? ¿Cuál es el mecanismo?

Dr. Zaslove: Creo que el mecanismo involucra varios beneficios de la meditación que son experimentados por todos los practicantes, pero que son particularmente útiles en el manejo de los trastornos mentales. Aquí hay tres de estos mecanismos:

La meditación alivia el estrés. Todos los trastornos mentales empeoran con el estrés, y creo que la meditación es el mejor antídoto contra el mismo. Hans Selye, el médico cuyo libro de 1956, *The Stress of Life*, introdujo el término al campo médico, reconoció el estrés como una parte de la vida.[8] La mayoría del estrés se origina en la mente, y a veces proviene de la tensión y el mal funcionamiento del cuerpo físico. Como en la meditación relajamos y dejamos descansar al cuerpo físico mientras que al mismo tiempo controlamos y enfocamos nuevamente nuestros procesos mentales, en consecuencia alivia el estrés y la ansiedad.

Los pacientes con cualquier tipo de trastorno mental severo (especialmente la esquizofrenia y los trastornos del estado de ánimo como la enfermedad bipolar) son particularmente vulnerables a los efectos del estrés y la preocupación. Cualquier cambio en su rutina diaria como la pérdida de sueño, la pérdida o la separación de un ser querido, o solo la naturaleza amedrentadora de sus percepciones equivocadas pueden desplegar un ataque serio de su enfermedad que podría durar un periodo largo de tiempo.

La meditación regular por un periodo de meses o años parece reprogramar el "termostato emocional" del estrés, y gradualmente el individuo está mejor capacitado para resistir las presiones en su vida. He conocido gente que sufriendo de enfermedades psicóticas severas incluyó en su tratamiento la meditación regular durante un periodo de tiempo, y posteriormente informó que sus alucinaciones e ilusiones aterradoras gradualmente perdieron su potencia, de forma que pudieron armonizar su vida.

También es una buena idea tener una o dos sesiones extras de meditación, aunque sean breves, durante épocas de mucho estrés.

La meditación nos ayuda a domesticar la mente. La gente con trastornos mentales a menudo encuentra que sus procesos mentales no son confiables o que están fuera de su control. Pueden tener ideas que son evidentemente falsas a la lógica de los demás o se quedan dándoles vueltas en su cabeza obsesivamente; pueden tener oleadas de sentimientos como el miedo, la ira, la depresión y la ansiedad, que no parecen surgir de ninguna parte; pueden tener una urgencia irresistible de hacerse daño o de hacerle daño a otros, o de realizar rituales como lavarse las manos sin parar; y así se pueden pasar los cientos de páginas de los tratados de diagnóstico psiquiátrico.

Los Maestros de esta ciencia de meditación en la luz y el sonido internos nos dicen que cuando aprendemos a meditar, estamos aprendiendo un método poderoso para controlar la mente. Agregan que la vida ética como es enseñada en Ciencia de la Espiritualidad también tiene un efecto calmante y de equilibrio sobre la mente.

La meditación refuerza otros tratamientos. Sant Rajinder Singh Ji ha mencionado que la meditación puede hacer más eficaces otros tratamientos para el dolor y la agitación emocional. Cuando vamos a nuestro interior durante la meditación, comenzamos a ver nuestra vida desde un punto de vista más claro y podemos reconocer la raíz de nuestros problemas. Entonces podemos determinar las áreas en las que necesitamos trabajar, y esto acelera la solución del problema con un psicoterapeuta o consejero profesional.

Finalmente, a los estudiantes se les da una experiencia personal directa en el momento de su iniciación en la meditación en la luz y sonido internos, una conexión que solo puede ser concedida por un Maestro de esta ciencia. Al continuar meditando y cuando entramos en contacto con esa corriente interna de luz y sonido en el tercer ojo u ojo único, localizado en medio y detrás de las dos cejas, este contacto sirve como un ancla que estabiliza nuestra vida, tanto la del mundo como la espiritual. Un contacto regular continuo con esta corriente interna de luz y sonido purifica la mente de los pensamientos negativos, angustiosos y perturbadores, y llena todo nuestro ser con la bienaventuranza y el amor divino que repara y cura nuestro ser emocional. Esta corriente finalmente nos lleva de regreso a nuestro Hogar, la Fuente de la cual provenimos, y a la cual anhelamos regresar. De hecho, tal conexión es el regalo más grande que podamos recibir de alguien.

Pregunta: ¿Pero, la llamada gente "normal" no tiene el mismo problema para controlar su mente?

Dr. Zaslove: Sí, todos nosotros definitivamente tenemos problemas para controlar nuestra mente, ¡incluso los psiquiatras!

De hecho, alguien que no medita usualmente no puede controlar su mente con facilidad. Es común ver a personas de éxito con intelectos bastante desarrollados, o muy avanzados en las artes, el deporte, las distintas profesiones o en el mundo financiero o político, sujetos a impulsos súbitos, arrebatos explosivos o cambios de humor, comportamientos y adicciones autodestructivas y otros ardides de la mente.

Este aspecto de la meditación es importante para todos nosotros. La meditación entendida desde este punto de vista tiene algunas de las facetas de una panacea, porque ayuda para muchos síntomas físicos y mentales, y también con el funcionamiento normal. Sin embargo, como con cualquier otro tratamiento o medicina, tenemos que tomarlo para obtener el beneficio; saber simplemente que la meditación puede ayudarnos o incluso entender cómo puede hacerlo, no es suficiente. La práctica regular diaria es necesaria y es recomendada por los Maestros de esta ciencia de meditación.

Los efectos pueden ser gratificantes. Todavía me encuentro con pacientes antiguos que vienen a verme para recordarme cómo meditamos juntos hace diez o veinte años y que nunca han olvidado la experiencia. Muchos me dicen que todavía se benefician de su práctica de meditación.

Pregunta: ¿La enfermedad mental no es de origen kármico? ¿Puede una persona con esta clase de karma hacer algo?

Dr. Zaslove: Los Maestros espirituales nos dicen que cerca del 75 % de nuestra vida está basada en el karma o reacciones de pensamientos, palabras y acciones del pasado, de acuerdo a la ley universal que cada acción tiene una reacción igual y opuesta. Este hecho puede ser experimentado directamente por cualquier estudiante de esta ciencia que tenga acceso a los reinos superiores durante la meditación.

Este 75 % normalmente incluiría las enfermedades graves que sufrimos a pesar de nuestros mejores esfuerzos. Por supuesto, también podemos sufrir una enfermedad simplemente por ignorar las estructuras de la naturaleza y de la biología humana: por ejemplo, si comemos mucha comida grasosa por un periodo largo de tiempo, se elevan nuestros lípidos y la presión sanguínea, y sufrimos un derrame cerebral.

Sin embargo, los Maestros espirituales también nos dicen que el restante 25 % de nuestra vida es de libre albedrío. Si elegimos meditar con regularidad todos los días bajo la guía de un Maestro de esta ciencia, hay muchos efectos benéficos que trabajan para aligerar la carga de nuestros karmas.

Durante la meditación por lo general no incurrimos en pensamientos, sentimientos o acciones nuevas, por lo tanto no estamos creando ningún karma nuevo que nos importune. Al meditar, los estudiantes de esta ciencia también entran en contacto con una corriente interna poderosa muy positiva (la luz y el sonido internos), que tiene un efecto neutralizante sobre los karmas en los que pudiéramos haber incurrido ese día, ¡otra razón muy importante para meditar diariamente! Cuando recibimos la iniciación en Ciencia de la Espiritualidad, nuestro maestro se hace cargo de la carga de karmas almacenados que aún no hayan dado fruto. En algunas circunstancias puede escoger aligerar algo de la carga kármica que tengamos que sufrir en esta vida para que podamos proseguir nuestras prácticas espirituales sin ser perturbados.

Medicinas psiquiátricas

Pregunta: ¿Si estoy tomando medicinas psicoactivas y también medito, cómo interactuarán? ¿Puedo reducir mis medicinas?

Dr. Zaslove: Por seguridad, esto necesita decirse con mucha claridad, *comenzar a meditar regularmente no significa que una persona con un trastorno psiquiátrico pueda dejar de tomarse sus medicinas o siquiera reducir la dosis.*

Mucha gente con una enfermedad mental objeta tomarse sus medicinas por diversas razones y están ansiosas de vivir "libres de drogas". Pero reducir o dejar los medicamentos es la causa más frecuente de recaer en una enfermedad mental severa y nunca debe tomarse este camino sin consultar con su médico.

Sin embargo, uno de los beneficios sutiles de la meditación es que ayuda a que algunos medicamentos sean más efectivos. Si un paciente toma su medicina justo antes de sentarse a meditar, la medicina puede trabajar por sí misma en el sistema mientras el cuerpo está profundamente relajado y pasa por un estado armonioso de curación. El efecto se nota particularmente con medicinas sutiles como los remedios homeopáticos.

Mente, alma y psiquiatría

Pregunta: ¿Cómo entiende la psiquiatría la conciencia humana o el alma, y su lugar en la curación de los trastornos mentales?

Dr. Zaslove: Hoy, la psiquiatría parece estar regresando una vez más a opinar que el tratamiento de la enfermedad mental necesita dirigirse hacia las necesidades profundas mentales, emocionales y espirituales del paciente.

Los pioneros de este movimiento han sido psiquiatras como Herbert Benson, quien hace cuarenta años investigó en Harvard una forma de meditación que llamó la Respuesta Relajada.[9] Actualmente, muchos psiquiatras meditan, y cuando he dado talleres de meditación a auditorios de psiquiatras, el salón usualmente está lleno. Veo que muchos psiquiatras quienes todavía no aceptan el significado espiritual de la meditación, a pesar de eso, están llegando a apreciar los beneficios para la salud de esta práctica.

En 1978, un psiquiatra, Raymond Moody, publicó *Vida después de la vida*, el primer libro popular sobre la experiencia cercana a la muerte, basado en su propia investigación con 150 pacientes que habían sobrevivido a la muerte clínica.[10] Ellos describieron un túnel oscuro, una luz brillante, una figura amorosa, y una sensación de alegría, amor y paz, trascendiendo cualquier cosa que hubieran conocido previamente. Desconcertando a quienes pensaban que esto pudiera ser una alucinación, pudieron describir eventos reales que sucedieron en otros sitios o los instrumentos que estaban en la parte superior del gabinete de la sala de cirugía.

Como por un lado los psiquiatras se han concientizado cada vez más de los efectos saludables de la meditación y de otras prácticas espirituales en la salud mental de nuestros pacientes, y más y más psiquiatras comienzan a practicar la meditación y a experimentar directamente sus beneficios, hay esperanza para que desaparezcan los prejuicios y puntos de vista estrechos mantenidos por largo tiempo. En el futuro habrá una actitud más receptiva en la profesión, que conduzca a formas más iluminadas de tratamiento para el sufrimiento generalizado de la enfermedad mental.

Es probable que la psiquiatría del futuro reconozca el papel central de la meditación y la espiritualidad en cualquier enfoque global para la curación de los trastornos emocionales y mentales. Como han enseñado mis maestros espirituales —Sant Kirpal Singh Ji, Sant Darshan Singh Ji y Sant Rajinder Singh Ji—, de la salud del alma depende la salud de la mente y del cuerpo.

Pregunta: Usted parece tener una fuerte inclinación hacia lo espiritual, ¿cómo hace usted o cualquier otro psiquiatra con las mismas inclinaciones para abstenerse de influenciar indebidamente a sus pacientes?

[Esta es la segunda pregunta hecha con más frecuencia].

Dr. Zaslove: Los principios de la Asociación Estadounidense de Psiquiatras especifican que los psiquiatras no deben hacer proselitismo ni, por otro lado, tratar de imponerles sus creencias personales a sus pacientes. Aunque es difícil ocultar completamente mi vida personal y espiritual, por lo general no lo menciono a los pacientes a menos que lo pregunten. Habitualmente me esfuerzo por separar la práctica profesional, en la cual recibo un honorario para ser objetivo y neutral, de mi vida espiritual, que es privada y subjetiva.

Con referencia a esto, una vez tuve la oportunidad excepcional de visitar a Sant Darshan Singh Ji en su oficina del gobierno en Nueva Delhi durante un día de trabajo. Sorprendentemente, observé que su comportamiento en la oficina era completamente profesional; aunque fue claro que era sumamente respetado y admirado por sus compañeros de trabajo, él no daba ningún indicio de su papel como guía espiritual de decenas de miles de estudiantes. Su profesionalismo mientras estaba en la oficina, lo mismo que todo lo demás en su vida, ha sido un modelo para mí, a cuya altura he tratado de vivir.

Pregunta: Siendo la práctica de la psiquiatría lo que es, ¿cómo se las ha arreglado para ejercerla por 40 años, y aún así meditar todos los días y seguir a un Maestro espiritual?

Dr. Zaslove: En realidad pienso que nunca lo habría logrado si *no* meditara; y sin las bendiciones divinas de nuestros Maestros espirituales, Sant Kirpal Singh Ji, Sant Darshan Singh Ji, y Sant Rajinder Singh Ji, no podría hacer absolutamente nada.

Marshall Zaslove, MD ha sido médico psiquiatra durante 45 años. Además de la práctica clínica, ha publicado investigaciones originales en las revistas más importantes y ha sido mentor de varias generaciones de médicos residentes. Es autor de un libro "*bestseller*" sobre la práctica médica, *The Successful Physician*, y ha sido orador principal en decenas de conferencias médicas, incluyendo las organizadas por el Instituto Nacional de Salud, la Asociación Estadounidense de Médicos y la Asociación Estadounidense de Psiquiatría. Fue elegido por dos periodos como Jefe del Cuerpo Médico del hospital más grande de California, y fue honrado con el Premio por un Logro Superior Sostenido del Estado de California. Meditador durante cuarenta años, anualmente da cientos de seminarios y talleres sobre meditación. Es el padre de tres hijas y vive en el Valle Napa de California con su esposa la Dra. Nina Zaslove.

PARTE 4

Meditación para el equilibrio y el bienestar

CAPÍTULO 9

MEDITACIÓN: ENCONTRANDO NUESTRO EQUILIBRIO

Por Rimjhim Duggal Stephens, MBBS

En medio de la vida agitada de hoy, pienso que la meditación diaria es una necesidad para mi bienestar general. Por medio de la meditación, tomar un momento para calmar mis pensamientos y conectarme con mi alma, me permite retirarme del ritmo apresurado del mundo y regresar con una sensación de paz y serenidad. En la era moderna, al aumentar nuestra participación en las actividades del mundo, encontramos que nuestro tiempo personal diario se reduce, haciendo que nuestros niveles de estrés aumenten y se presenten crisis de salud. A pesar de que últimamente hemos hecho enormes avances tecnológicos que al parecer nos facilitan la vida, debemos tener cuidado de que el encanto de estos avances no nos lleve más allá del punto de productividad a un campo de desequilibrio físico, mental, emocional y espiritual.

Como graduada de la facultad de medicina, sé lo que se siente al estar ocupada y el esfuerzo requerido para superar las presiones diarias que la mayoría de los médicos siente en su proceso de formación. Recuerdo mi primera rotación clínica enfocada en el entrenamiento quirúrgico como una de las especialidades más exigentes. Días de levantarse a las 4 a.m. tan solo para estar en casa entrada la noche y aún así tener que estudiar antes de comenzar de nuevo al día siguiente. Comenzaba la rotación tratando de reorganizar mis pacientes, sus historias, exámenes clínicos, pruebas de laboratorio, la sala de cirugía, y luego estudiar sus casos durante todo el día y después en casa. En la tercera semana de esta rotación de ocho semanas, me sentí como si fuera un hámster en una rueda y que nunca podría ponerme al día con todo el trabajo que tenía frente a mí. La primera vez que pensé en meditar, mi pensamiento fue que si tan solo tuviera tiempo lo haría con mucho gusto... Pero, ¿dónde estaba ese tiempo? Después de otra semana de este horario interminable, me cansé y decidí que sin importar cómo, sacaría el tiempo.

Busqué de quince a veinte minutos para meditar en la mañana y en los primeros días, noté que tenía más energía al empezar mi día. Entonces traté de encontrar momentos durante el día, en el almuerzo o entre cirugías. Me sorprendió que cuando empecé a buscar unos minutos aquí y allí, en realidad eran bastante fáciles de conseguir. Treinta minutos al despertar, quince minutos en el almuerzo y diez minutos entre pacientes. Me sorprendió lo tranquila que me sentía después de sentarme, aunque fuera por unos minutos, y fue suficiente para que un par de mis colegas estudiantes de medicina se dieran cuenta y trataran de meditar. Pasó otra semana y por fin entendí el secreto. Sacar tiempo para meditar no me quitó espacio, ¡en realidad me dio más! Estaba más tranquila, más centrada, podía concentrarme mejor y así trabajar más rápido.

Aunque el resto de la rotación continuó siendo rigurosa, mis pequeños descansos para meditar me proporcionaron consuelo y me mantuvieron firme a medida que continuaba la dura rutina. Por suerte, esta fue una lección al principio de mi carrera médica. Descubrí que si podemos dedicar tan solo el 10 % de nuestro tiempo para sentarnos en meditación diaria, muchas de las preocupaciones de la vida y las presiones no tendrán el impacto que una vez tuvieron.

¿En realidad qué es la meditación? Bajo la dirección de mis venerados maestros espirituales, mi abuelo Sant Darshan

Singh Ji Maharaj y mi padre Sant Rajinder Singh Ji Maharaj, he aprendido que la meditación es un proceso por el cual retiramos nuestra atención de los sentidos físicos que nos conectan con el mundo que nos rodea. Ello incluye el retiro de nuestro sentido de la vista, el tacto, el gusto, el olfato y el oído, al sentarnos en silencio mientras nos enfocamos en la conexión espiritual presente dentro de cada uno de nosotros, ubicada en el tercer ojo u ojo único, entre y detrás de las cejas. Esto se logra a través de una técnica sencilla llamada meditación *Jyoti,* que se fundamenta en una práctica antigua conservada con el tiempo, conocida como *Surat Shabd Yoga.* Este método científico es fácil de seguir y puede ser practicado por personas de cualquier religión o sociedad. En él, cerramos los ojos y aprendemos a mirar directamente al frente, con los ojos en el plano horizontal, enfocados a unos veinte o veinticinco centímetros al frente. Al concentrarnos en silencio, sentimos una sensación de calma sobre nuestro cuerpo y mente, y podemos empezar a ver destellos de luz u otros panoramas que indican la conexión de nuestra alma con la Divinidad durante la práctica. También nos ayuda la repetición de un nombre divino de Dios, una y otra vez en silencio y lentamente, de manera que se calmen los pensamientos del mundo. Con el tiempo, comprendemos que vivir tan solo a través de nuestros sentidos físicos limita nuestra visión y que la meditación es un método que nos permite conectarnos con lo más profundo de nuestro ser.

A través del uso de electrodos para electroencefalogramas (EEG), un estudio conjunto entre la Universidad de Sídney y la Universidad Noruega de Ciencia y Tecnología determinó que las ondas *theta* eran abundantes en la parte frontal y media del cerebro durante la meditación. Esto indica que nuestro cerebro entra en un estado de relajación profunda que supervisa nuestras experiencias internas y se origina en la atención concentrada. También se encontró que las ondas *alfa* están presentes en una cantidad significativa en la parte posterior del cerebro, lo que muestra la diferencia entre la relajación durante la meditación concentrada comparada con la relajación que se siente mientras se duerme o descansa sin aplicar una técnica mental específica.[1] Por lo tanto, las ondas cerebrales indican que estamos concentrados, comprometidos y conscientes mientras meditamos. Para recibir todos los beneficios de la meditación, es importante encontrar una técnica que incorpore una concentración interna y relajada que nos permita sentir una conexión con nuestra alma.

Los beneficios de la meditación son numerosos. Estudios en meditadores han demostrado reducción de la presión arterial, aumento de la fortaleza del sistema inmunológico, lo que conduce a la disminución de la susceptibilidad de enfermarnos, bajos índices de depresión, ansiedad, insomnio, asma, fibromialgia, problemas digestivos, síndrome del colon irritable, psoriasis, infertilidad, dolor, afecciones reumatológicas y la adicción a las drogas o al alcohol. Otro efecto comprobado de la meditación es la reducción de síntomas físicos o emocionales asociados con enfermedades crónicas tales como las coronarias y el cáncer. Uno de los estudios más completos acerca de la meditación, el Proyecto Shamatha, dirigido por Saron en la Universidad de California-Davis, encontró que en los participantes del estudio que practican la meditación con regularidad, se incrementó su sensación general de la función psicológica, tuvieron mejor fluidez en sus respuestas emocionales, mayor control de sus impulsos, mejoró su percepción visual, su enfoque y atención. Se encontró un aumento del 30 % en la actividad de la enzima telomerasa que se correlaciona con mejoras importantes en el sentido de propósito en la vida. La telomerasa es una enzima activa en las células vivas que protegen el material genético durante la división celular y aumenta su actividad durante la meditación, lo que sugiere que en verdad la meditación retarda el envejecimiento de nuestras células en respuesta al estrés.[2]

Uno de los hallazgos más convincentes con el que muchos médicos concuerdan, es que las personas que meditan con regularidad tienen una disminución en la respuesta variable al estrés. Todos sentimos día a día el estrés cuando nos desplazamos al trabajo, al esforzarnos por cumplir plazos, al realizar múltiples tareas y en las relaciones con nuestra familia, amigos, salud y hogar. Cuando el cuerpo percibe amenazas, el sistema nervioso simpático se estimula y se activa la respuesta de "pelear o huir", liberando adrenalina y cortisol, que aumentan la frecuencia cardiaca y respiratoria, las citocinas, y la constricción de los vasos sanguíneos. Si esta respuesta ante el estrés se mantiene "encendida", las citocinas pueden producir inflamaciones potencialmente perjudiciales en todo el cuerpo. Se cree que la meditación trabaja disminuyendo la actividad del sistema nervioso simpático y aumenta la actividad del sistema parasimpático, bajando nuestra frecuencia cardiaca y respiratoria, con dilatación de los vasos sanguíneos. La meditación habitual no solo reduce la respuesta del cuerpo al estrés, sino que también le aporta al organismo una estabilidad física, mental, emocional y espiritual, para que no quedemos "estresados" desde el primer momento.

Las enfermedades relacionadas con el estrés han ido en aumento en Occidente y miramos hacia Oriente para aprender de sus siglos de conocimiento. A lo largo de los años, se pensó que la meditación era principalmente una tradición oriental y solo recientemente el mundo occidental ha aceptado su importancia y beneficios, tanto en medicina preventiva como en el uso de una modalidad de tratamiento práctico. Durante miles de años, los sabios y los filósofos de India dejaron relatos de sus experiencias en la meditación y recomendaron el proceso a sus estudiantes. En todo Oriente, las virtudes de la meditación y la búsqueda espiritual han estado arraigadas en las culturas antiguas y todavía existen allí. Los primeros registros escritos sobre el proceso y las experiencias personales de la meditación provienen de India de hace unos 5.000 años, y están en las escrituras sagradas conocidas como los Vedas. Los sabios de la época evolucionaron de la realización de rituales a etapas elementales de la meditación y de allí a estados cada vez más profundos de realización consciente. Durante el siglo VI antes de Cristo, el príncipe Siddhartha buscó aquietar su mente en su interior y buscó el secreto de la felicidad para sí mismo y para transmitirlo a sus semejantes. Después de un periodo famoso de cuarenta y nueve días de meditación profunda, Siddhartha surgió con nuevos conocimientos y se hizo conocido como Buda el Iluminado, quien con el tiempo extendió la tradición de la meditación desde India, a partes de Indonesia, China y Japón.

Ahora la medicina occidental está empezando a abrir sus puertas al tratamiento por medio de la medicina ayurveda, la acupuntura, la homeopatía y la meditación. La medicina ayurveda y la acupuntura son campos bien arraigados, que se han practicado durante siglos y han ofrecido tratamientos efectivos que todavía hoy se buscan como métodos naturales de curación. Otro sistema muy popular de medicina en Oriente es la homeopatía, que fue desarrollado por Samuel Hahnemann (1755-1843) en Alemania.

Una encuesta a los estudiantes de la Facultad de Medicina de la Universidad de Georgetown encontró que casi el 91 % de los estudiantes pensó que la medicina occidental podría sacar provecho de tipos de medicina complementaria y alternativa, incluyendo las ideas y los métodos que ofrece la meditación. Más del 75 % de los estudiantes pensaban que estas prácticas se deben incluir en su plan de estudios y que el conocimiento sobre estas medicinas sería importante para ellos, como estudiantes y futuros profesionales en la práctica de la medicina.[3]

El ayurveda es una forma de medicina originaria de India, que detalla numerosos tratamientos naturales, médicos y quirúrgicos, a base de hierbas, los cuales han resultado muy efectivos para diversas enfermedades. La nutrición es una parte importante de esta práctica y en sí misma es una forma poderosa de medicina preventiva. La acupuntura se desarrolló en China y el principio básico es que mediante la colocación de pequeñas agujas en ciertos puntos del cuerpo a lo largo de las vías neurales conocidas como “meridianos”, el flujo de energía se restaura y se disipa la enfermedad. La homeopatía es un campo de la medicina a base de plantas y se sustenta en "la ley de las semejanzas" o "lo semejante cura lo semejante". La premisa básica de esta disciplina médica se fundamenta en el principio de que una sustancia que causa los síntomas de una enfermedad en personas sanas, curará con precisión la enfermedad en los enfermos cuando se prescribe por un médico homeópata entrenado, en una dosis dinámica pero mínima y altamente diluida de dicha sustancia. Esto tiene cierta similitud con la filosofía de la vacunación desarrollada en Occidente, donde una vez que se reciba una dosis diluida de una cantidad sustancial de un agente patógeno causante, a menudo se evitará que una enfermedad se manifieste ya que el individuo creará una inmunidad a esa enfermedad. Los profesionales en estos campos a menudo prescriben un método de meditación para acompañar su modalidad de tratamiento recomendado y muchos creen que cuando la meditación se utiliza en paralelo, se restablece más rápidamente el equilibrio a nuestro estado natural.

La meditación también ha comenzado a extenderse en el campo de la medicina occidental. Debido a sus grandes beneficios, un número creciente de médicos convencionales y trabajadores de la salud están aprendiendo el método de la meditación y también enseñándolo a sus pacientes. Cada año, hay más residencias en medicina que ofrecen formación en atención médica preventiva y proporcionan a los médicos guías para instruir a sus pacientes sobre las técnicas de meditación, para ayudar a prevenir o retrasar enfermedades. La combinación de la meditación con el cambio del estilo de vida y comportamiento es un método sin precedentes en la prevención de enfermedades. Uno de los mejores hospitales en los Estados Unidos, la Clínica Mayo, enseña la meditación a los pacientes como parte de su programa de medicina complementaria e integral. Los beneficios que la meditación puede tener en la prevención de enfermedades, la concentración, la relajación, la paz interior, la reducción del estrés y la fatiga han hecho que los mejores hospitales y clínicas en todo el país, tales como

Stanford y Harvard, inicien programas de bienestar y empleen especialistas para educar a sus pacientes sobre estos efectos positivos.

Los mismos médicos se pueden beneficiar de la práctica de la meditación. En una revisión reciente de la literatura se encontró que del 28 al 45 % de los estudiantes de medicina y del 27 al 75 % de los médicos residentes (dependiendo de su especialidad), así como numerosos médicos en ejercicio son sometidos a un estado de "agotamiento" al menos una vez en su carrera. El agotamiento es un estado de estrés repetitivo que causa desgaste mental y físico relacionado con el trabajo o con actividades que requieren cuidar a personas que necesitan asistencia. El agotamiento durante la residencia ha recibido mucha atención, causando preocupación con respecto a su impacto negativo en la atención al paciente y al desempeño laboral. Entre los factores que se consideran contribuyen al agotamiento en los residentes están exigencias de tiempo, falta de control, planificación y organización del trabajo, situaciones difíciles en el trabajo y las relaciones interpersonales.[4] Si los médicos no pueden cuidarse a sí mismos y son presionados hasta el punto de agotamiento, ¿cómo podemos esperar que también asuman responsabilidad por la vida de sus pacientes?

Un estudio de veintidós meses del Programa Preparatorio de Educación Dental y Médica de la Facultad de Medicina de la Universidad del Sur de Illinois, encontró que los estudiantes que participaron en sus ejercicios de meditación con regularidad, en dos clases habían disminuido la ansiedad ante los exámenes, el nerviosismo, la inseguridad y la pérdida de concentración. A su juicio, la actividad de la meditación les ayudó académicamente y les ayudaría como médicos.[5]

El agotamiento no se limita a los médicos, puede ocurrir en cualquier persona con una situación estresante en su vida y en todo tipo de trabajo. Se han comenzado a poner en práctica intervenciones en el lugar de trabajo en todos los campos. Algunos de los métodos de enseñanza más comunes que se ofrecen a los empleados incluyen modificaciones de la carga de trabajo, dando a los empleados una diversidad de funciones, entrenamiento en el manejo del estrés y talleres de bienestar.

He notado que en muchos pacientes, la combinación de la meditación, los cambios de hábitos alimenticios y sociales, junto con el ejercicio, les ha ayudado en una gran variedad de sus enfermedades actuales, así como en la reducción de los factores de riesgo de enfermedades futuras. La medicina preventiva está ganando más popularidad como campo y es el método más asequible que tenemos de atención en salud. La meditación es gratuita. Todo lo que tenemos que hacer es sentarnos en silencio y retirarnos de nuestros sentidos físicos. Se puede hacer en cualquier momento durante el día en casa, en el trabajo, en la escuela, en un parque o incluso en el coche. La eliminación de sustancias que alteran la mente como el alcohol y las drogas nos ofrecen un ahorro de costos y beneficios importantes para la salud. Reducir el consumo de alimentos de origen animal o eliminarlos por completo, adoptando a la vez alimentos de origen vegetal más frescos, preferiblemente de cultivo orgánico, puede parecer más caro en el corto plazo, pero sin duda es mucho más económico si podemos evitar la hipertensión, la diabetes y la exposición a plaguicidas en el futuro. El ejercicio también puede ponerse en práctica sin costo. Podemos practicar muchas formas de ejercicio sin siquiera ir a un gimnasio. Con la variedad de clases en videos, sesiones de entrenamiento en Internet y actividades regulares de esparcimiento, las opciones son ilimitadas.

En conclusión, la clave para vivir un estilo de vida saludable es reconocer la necesidad del equilibrio y luego esforzarnos por alcanzarlo. Vivimos una vida en la que a veces debemos cuidar nuestra parte física, emocional o mental, y a menudo nos enfocamos en una a expensas de las otras. Al meditar con regularidad, aprenderemos a conectarnos con la parte espiritual de nuestro ser, que a menudo es la más olvidada. Cuando reciba un poco de atención, esta parte espiritual nos ayudará a guiarnos para lograr el equilibrio que buscamos.

Comienza con un paso simple: sentarnos, cerrar los ojos y dejar que sintamos una conexión espiritual. Una vez que nos hayamos experimentado como alma, tendremos una vida más feliz, llena de determinación, serenidad y equilibrio. Cuando cada uno de nosotros encuentre la satisfacción interior, podremos transmitirla a nuestra familia, amigos, colegas y vecinos, permitiendo que la meditación transforme de manera pacífica al mundo, por medio de la conexión que nos une con la Divinidad.

Rimjhim Duggal Stephens, MBBS comenzó sus estudios en medicina en la prestigiosa Universidad Manipal en el sur de la India. Allí aprendió las ciencias básicas principales y desarrolló un interés en la medicina alternativa. Luego se enfocó en las ciencias clínicas en la Universidad de las Indias Occidentales, donde dio el discurso de despedida al recibir su título de doctora. La Dra. Duggal Stephens reside ahora en Vancouver, Canadá, donde centra su atención en el bienestar integral por medio de la nutrición y las ciencias homeopáticas, así como en continuar con su práctica de la meditación. Ha estudiado la meditación bajo la guía de Sant Darshan Singh Ji Maharaj y Sant Rajinder Singh Ji Maharaj durante más de veinte años y ha dado charlas sobre los beneficios de la meditación, la salud óptima por medio de la alimentación vegetariana y el bienestar integral a través de la medicina preventiva. La Dra. Duggal Stephens ha investigado numerosas modalidades de salud disponibles en todo el mundo y ha optado por centrarse en un enfoque preventivo e integral de la medicina.

CAPÍTULO 10

LA MEDITACIÓN Y LA ESPIRITUALIDAD: UNA PERSPECTIVA HOMEOPÁTICA

Por Tim Fior, MD, DHt

La espiritualidad en general y la meditación en particular, pueden influir en nuestra salud física, mental, emocional y espiritual. He visto durante los últimos veinticuatro años de practicar la medicina convencional y la homeopatía[1] que la espiritualidad y la meditación pueden tener un impacto tanto en el médico como en el paciente. Cuando me siento a meditar cada mañana, siento que me recarga para otro día en el consultorio mientras veo pacientes. Cuando he meditado bien y lo suficiente, encuentro que el día fluye con facilidad y los problemas parecen pasar rozando sin molestarme. Pero si descuido la meditación, noto que las reuniones sencillas se vuelven difíciles. Un colega médico ha descubierto que incluso hacer una práctica de meditación, en la que nos centramos en la luz interior mientras se repite el nombre de Dios (llamada la práctica del *simran*), puede salvar la vida. Durante su formación en un hospital público muy concurrido, le llamaban a menudo para tratar a los pacientes muy enfermos y moribundos. Con frecuencia se sentía abrumado en el trabajo. Como acababa de ser iniciado, recurrió al *simran* cuando estaba junto a estos pacientes y se sorprendió al encontrar que a menudo se estabilizaban y mejoraban. Llegó a ser tan bien conocido por su capacidad para estabilizar a los pacientes gravemente enfermos que las enfermeras solían llevarlo de una habitación a otra en el servicio de urgencias. No obstante, los beneficios personales de la meditación no se limitan a los iniciados. Mi suegro, que no es iniciado, ha visto que tan solo de 10 a 15 minutos de meditación una o dos veces al día le ayudan con problemas que no se alivian con ningún medicamento. Todo esto ocurre sin efectos secundarios a los que él es bastante propenso.

Para comprender los beneficios de la meditación y la espiritualidad, podemos comenzar por describir qué es la salud. La salud es un estado de equilibrio entre cuerpo, mente, emociones y espíritu, de acuerdo con la filosofía homeopática y la Organización Mundial de Salud.[1] La enfermedad, según la homeopatía, es un desequilibrio en cualquiera o en una combinación de estos niveles. La medicina homeopática es holística porque combina cuerpo, mente y emociones en el diagnóstico y en el tratamiento. Sin embargo, Samuel Hahnemann, el fundador de la homeopatía, reconoció la importancia de la espiritualidad y de Dios en la salud. Sant Darshan Singh Ji Maharaj solía citar a Hahnemann diciendo: "El médico prescribe, pero es Dios quien sana". Este es un aspecto de la medicina que muchos médicos, pacientes y familiares olvidan. A veces, a pesar de todos los esfuerzos por restaurar la salud, no se avanza. Luego, en otra situación que aparentemente es similar y el pronóstico es grave, el paciente realiza una recuperación increíble que asombra a todos, incluyendo al médico. Cuando observamos situaciones como esta en forma regular, nos vemos obligados ya sea a desanimarnos o a hacer todo lo que podamos y dejar el resto a Dios. El primer enfoque puede conducir a la tristeza e incluso a la enfermedad, mientras que el segundo nos permite mantener nuestro equilibrio en la vida y nos evita perder la compasión. Este segundo enfoque nos permite ser apasionados en el tratamiento, pero desapasionados o desapegados del resultado.

La evidencia científica de que la meditación nos ayuda a alcanzar un estado de equilibrio se encuentra en algunos experimentos recientes de la coherencia en el electroencefalograma o EEG. El EEG es un registro de la actividad eléctrica del cerebro que generalmente se toma por medio de una serie de electrodos colocados en el cuero cabelludo. Para la persona promedio despierta, la correlación o coherencia de la actividad eléctrica entre el hemisferio cerebral izquierdo y derecho es mínima (menos de 10 % de coherencia). Cuando la persona medita, los patrones del EEG del cerebro izquierdo y derecho comienzan a sincronizarse cada vez más. Para un meditador experimentado, en un estado de meditación profunda, el nivel de sincronización o coherencia entre los hemisferios izquierdo y derecho, ¡puede llegar a ser un sorprendente 99,8 %![3] Es verdaderamente asombroso que mientras la persona se siente más en paz o en armonía durante la meditación, el registro del EEG también demuestra exactamente eso: un equilibrio entre los dos lados del cerebro.

Este fenómeno también tiene un aspecto que trasciende al individuo. No solo los dos lados del cerebro de una persona se vuelven coherentes durante la meditación profunda, el cerebro izquierdo y derecho de personas diferentes que meditan juntos también manifiestan patrones casi idénticos. Los experimentos con grupos de hasta 12 personas meditando juntas muestran tasas de sincronización del cerebro que superan al 80 %.[4] Esto también puede servir como prueba objetiva de los cambios de estado que reportan las personas cuando están en India y meditan en grupos de miles de personas.

Estos cambios de patrones de las ondas cerebrales entre los hemisferios no son exclusivos para la meditación, ya que también se ha encontrado que ocurren en pacientes que tienen una respuesta excepcional a los medicamentos homeopáticos.[5] En un estudio se encontraron respuestas extraordinarias que mostraron cambios significativos en el EEG en la región prefrontal. Esto es una señal del aumento del flujo sanguíneo en la corteza prefrontal, que se sabe controla la función ejecutiva y la atención. Así, tanto el proceso de la meditación como la respuesta a una medicina homeopática producen efectos demostrables sobre el funcionamiento del cerebro.

Si incluimos la salud espiritual en nuestra definición general de salud como se sugirió antes, la importancia relativa de la meditación y la oración se vuelve evidente. Estas son las dos formas principales de lograr el equilibrio espiritual en nuestra vida. La oración es común a las formas exotéricas de todas las religiones. Se trata de hablar con Dios, por lo general para pedir ayuda en alguna área de nuestra vida. La meditación es calmar la mente para que podamos escuchar la respuesta de Dios. Esta es común a la forma esotérica de todas las religiones. De las dos, mi experiencia es que la meditación es la forma superior. Aunque la oración es más activa, porque le estamos rogando a Dios por algo, la meditación es un intento por calmar el cuerpo y la mente. En la vida, generalmente se valora hacer cosas, por lo que es difícil de entender la utilidad de tratar de hacer aparentemente nada como en la meditación. Sin embargo, quienes meditan con éxito fácilmente pueden sentir los beneficios.

Una manera de entender la importancia de la meditación es tratar de ver las cosas desde la perspectiva de Dios. Dios siempre escucha las oraciones, pero las personas solo pueden oír las respuestas si se encuentran en un estado de meditación y han calmado su mente. Por lo tanto, la meditación es la única oportunidad para que Dios tenga un verdadero diálogo con nosotros. La importancia del diálogo siempre es evidente en la consulta. Los pacientes que vienen y quieren tener un monólogo, decir cuál es su problema y cómo resolverlo, y no responden a las sugerencias, por lo general no mejoran. Por el contrario, los pacientes que están listos a dialogar con su médico, y que de verdad están dispuestos a escuchar lo que el médico dice, son mucho más propensos a mejorar. Como le gusta decir a Sant Rajinder Singh Ji Maharaj, ¿cómo podemos llenar un vaso si está al revés o ya está lleno?

En la homeopatía, somos conscientes que la sensibilidad de la gente a diversos factores ambientales difiere entre individuos.

Además, la susceptibilidad a diferentes enfermedades varía de persona a persona. Se hace énfasis en tratar a una persona que está enferma de acuerdo con sus sensibilidades y susceptibilidades propias y únicas en lugar de tratar una enfermedad en particular. En la homeopatía, cada caso de la enfermedad es único, ya que es el camino de cada persona hacia su bienestar o su salud. Uno de los puntos fuertes del tratamiento homeopático es que puede reducir la susceptibilidad crónica de los individuos a diversas condiciones (por ejemplo, bronquitis o sinusitis recurrentes).

Del mismo modo, en la espiritualidad, reconocemos que aunque Dios nos ha dado almas a todos, cada ser es único. Todos somos personas con libre albedrío y diferentes experiencias de la vida. Todos también estamos en el camino de regreso a Dios. Sant Rajinder Singh Ji nos dijo en una ocasión que la voluntad de Dios es que cada uno seamos diferentes y únicos. Nos corresponde a nosotros elevarnos sobre nuestras aparentes diferencias, para ver la unidad que se encuentra en el interior. Podemos hacer esto al calmar nuestra mente con la meditación.

Hay muchos sistemas diferentes de medicina en el mundo, así como hay muchos tipos diferentes de yoga y meditación. Debido a que la homeopatía utiliza medicamentos altamente diluidos, [6] es una de las formas de medicina más seguras. De hecho, los graves efectos adversos de los medicamentos homeopáticos son prácticamente desconocidos. Las medicinas a base de hierbas no son tan seguras y se han reportado reacciones adversas graves. Aunque muchas de las medicinas convencionales fueron originalmente derivadas de las plantas, son tan concentradas y puras que incluso, no es extraño encontrar reacciones adversas que son graves y potencialmente mortales.[7]

La meditación también es una manera mucho más segura de tener una experiencia trascendente, que con las drogas psicoactivas o las experiencias cercanas a la muerte. Las drogas le hacen daño al cuerpo físico y a la mente, y no ofrecen ningún beneficio espiritual duradero. Hablé con un meditador experimentado que solía utilizar drogas alucinógenas. Sentía que sus experiencias inducidas por estas eran como colarse en la casa de Dios por la puerta trasera. Él lo describió como si uno siempre estuviera muy desconfiado y acabara de colarse, y no se siente como si realmente estuviera allí. Por el contrario, consideraba que en la meditación era invitado a la casa de Dios por la puerta principal. Era recibido, amado y se sentía como en casa.

Igualmente, las experiencias cercanas a la muerte por su propia naturaleza implican a menudo algún tipo de trauma grave para el cuerpo, porque la persona debe estar cerca de la muerte para tenerlas. Sant Rajinder Singh Ji dice que en las experiencias cercanas a la muerte las personas solo se acercan al umbral de los reinos internos. Mientras que en la meditación, sin ningún tipo de trauma físico, podemos elevarnos a los reinos internos en el camino de regreso a nuestro verdadero hogar, la Fuente de donde venimos, llamado *Sach Khand* (Región verdadera), la cual es una región puramente espiritual. Por lo tanto, hay formas traumáticas y hay formas tranquilas, como la meditación, para trascender la conciencia física.

Hay diferentes maneras de clasificar las prácticas de meditación. Algunas clases de meditación se preocupan por las corrientes motoras y los *pranayamas* del cuerpo. Debido a que estos tipos de meditación en las corrientes motoras pueden afectar el ritmo cardíaco y la respiración, pueden ser peligrosos para personas muy jóvenes y muy mayores. Por el contrario, la meditación en la luz y el sonido, como la enseñan los Maestros de *Sant Mat* implica solo el retiro de las corrientes sensoriales. Las corrientes motoras no se tocan y la respiración y la circulación prosiguen normalmente. Por lo tanto, la meditación en la luz y el sonido internos es una de las formas más seguras de meditación. A pesar de que trae muchos beneficios físicos, mentales y emocionales, como veremos más adelante, es por naturaleza una meditación de carácter exclusivamente espiritual. Todo el énfasis está en volver a ligar o unir nuestra alma con Dios. Los demás beneficios tan solo son secundarios de este objetivo principal.

Así como la meditación en la luz y el sonido internos le da un beneficio espiritual a nuestra alma, que es espíritu y por su propia esencia es inmaterial, el vuelo del alma hacia Dios no es por naturaleza algo que se pueda sentir de manera externa en este mundo físico. Para comenzar este viaje interior, se debe dedicar tiempo al sentarse callada y dulcemente en meditación. A menudo, quienes solo acostumbran a medir el éxito por las ganancias materiales exteriores, no entienden los beneficios de sentarse en silencio para obtener ganancias espirituales. La situación es similar en la homeopatía debido a la dosis mínima de los medicamentos administrados. Hasta que no se demuestra cómo funcionan realmente estos medicamentos, algunos no pueden creer que una dosis mínima pueda funcionar en este mundo material. Sin embargo, doscientos años de experiencia y una buena cantidad de investigación, revelan que estos medicamentos altamente diluidos sí tienen efecto.[8]

Es verdaderamente humillante que a pesar de todos los avances tecnológicos de nuestra época, todavía no hayamos descubierto los misterios del alma o de la homeopatía. Aunque esto pueda preocupar a algunos, todo es cuestión de perspectiva. Sant Rajinder Singh Ji nos dice que somos algo más que un cuerpo físico, que en realidad somos un ser espiritual o alma que habita un cuerpo durante nuestra vida física y que quiere experimentar los reinos espirituales de los que provino originalmente.

La homeopatía puede llamarse la medicina de la experiencia. Uno no puede aprender su arte de un libro. Uno solo puede realmente entenderlo en la sala de consulta, viendo pacientes día a día. Debido a sus principios aparentemente increíbles, muchos solo llegan a tener fe en ella cuando tienen una experiencia directa de un remedio homeopático que opere en algo que la medicina convencional no pudo hacerlo. Probablemente se han ganado más adeptos a la homeopatía por el uso del remedio *Árnica montana* para traumas, que por cualquier otro remedio.

De la misma manera, los Maestros de *Sant Mat* enseñan que el sendero espiritual es de experiencia personal. No es de solo erudición y aprendizaje de libros. Nosotros mismos debemos repetir el experimento con el instrumento de nuestro ser y comprobarlo. Solo entonces podremos probar las hipótesis de la espiritualidad por cuenta nuestra. No hay lugar en Sant Mat o en la homeopatía para la fe ciega. Sant Kirpal Singh Ji solía decir que no debemos creer ciegamente lo que un Maestro ha dicho, sino que debemos ir al interior a experimentar la verdad por sí mismos. Él también dijo: "Lo que una persona ha hecho, otra también lo puede hacer". Al viajar en el sendero espiritual, existen puntos de referencia que nos ayudan a mantenernos en el camino. Igualmente, en la homeopatía hay formas en que los síntomas cambian con el tiempo, los que nos dicen si estamos avanzando por la senda de la curación.[9]

Debido a que este es un camino espiritual de experiencia personal, a medida que tenemos más experiencia, eso nos empodera cada vez más en nuestro viaje interior. *Sant Mat* enseña que aunque el Maestro es nuestro guía, nosotros mismos podemos ver a Dios frente a frente. Igualmente, la homeopatía empodera a los pacientes, ya que la mayoría de los medicamentos son de venta libre y con su experiencia, los pacientes pueden tratar muchos problemas por su cuenta. El médico homeópata se convierte más en un instructor y un guía, en lugar de alguien a quién se debe seguir ciegamente, sin probar por medio de la experiencia directa la verdad de lo que se dice.

Ciertas virtudes son importantes en el sendero espiritual y una de las más importantes es la no violencia. Gandhi Ji le mostró al mundo que el camino de la no violencia pudo derrotar a un ejército. La no violencia en pensamiento, palabra y acción es esencial para avanzar en el camino espiritual. Los medicamentos homeopáticos se preparan de una manera pacífica, en la que no se requiere hacer pruebas con animales. Las medicinas se prueban primero en infusiones o en dosis diluidas en las personas sanas y luego se utilizan en los enfermos. Algunos remedios provienen de productos animales (por ejemplo, *Apis mellifica* de la abeja), pero unos cuantos ejemplares pueden producir remedios para miles de personas, debido a que los medicamentos están muy diluidos. Hahnemann vivió en una época hace doscientos años, cuando los enfermos mentales eran habitualmente golpeados y encadenados. Fue pionero en el tratamiento humano de estos enfermos por medio de la medicina. Se opuso a cualquier forma de tortura y recomendó que sean tratados con humanidad y con cuidado con los remedios homeopáticos.

Durante años de práctica homeopática, he encontrado que muchos pacientes se benefician de la meditación. Quienes están abiertos a probar, casi todos dicen que les ayuda en sus síntomas mentales y físicos. A menudo, también alcanzan un cierto nivel de comprensión espiritual. Les animo a hacerlo todos los días, durante varias semanas, en el mismo lugar y a la misma hora para que se convierta en un hábito. Aunque en un principio la mente se rebela, después de meditar todos los días durante cuatro a seis semanas, uno siente como si algo faltara si un día se omite. Es normal que los médicos envíen a los pacientes a una consulta con otro médico con más experiencia en un área determinada. La gente también puede obtener guía de un Maestro espiritual, quien puede ayudar a mejorar su progreso espiritual.

Se ha hecho bastante investigación acerca de cómo la meditación puede afectar nuestra salud. Los beneficios espirituales de la meditación están bien expuestos en los libros de Sant Rajinder Singh Ji, como *Descubriendo el poder del alma por medio de la meditación*, *El poder sanador de la meditación* y *La chispa divina.*[10] Los efectos mentales, emocionales y sociales se tratan en otros capítulos de este libro, así que me limitaré a los efectos fisiológicos y físicos de la meditación. Hay algunas salvedades que deben darse cuando se observa la investigación acerca del efecto de la meditación sobre las condiciones de salud específicas. En primer lugar, muchos de estos estudios son pequeños (es decir, bajo número de participantes) o son estudios individuales que imposibilitan conclusiones finales o generales. En segundo lugar, ciertos tipos de meditación[11] han recibido la mayor parte del enfoque de la investigación. Algunos investigadores han demostrado que los diversos tipos de meditación tienen diferentes efectos fisiológicos en el cuerpo. Por lo tanto, estos también podrían afectar varias enfermedades en cada individuo de manera particular.

Hace treinta años, los investigadores comenzaron a explorar los efectos fisiológicos de la meditación sobre el cuerpo humano.[12] Ellos encontraron que generalmente reduce la tasa metabólica más rápida y profundamente que el sueño, ralentiza las ondas cerebrales[13], y disminuye la frecuencia cardiaca y respiratoria, la presión arterial y los niveles de lactato en la sangre. El lactato es producido en la sangre por el metabolismo anaeróbico de los músculos esqueléticos. El incremento de los niveles sanguíneos de lactato se asocia con la ansiedad y si se administra por vía intravenosa, puede precipitar un ataque de pánico. Herbert Benson llamó las condiciones producidas por la meditación, la "Respuesta de Relajación", debido a que esto indica una disminución de la actividad del sistema nervioso simpático y representa un estado hipometabólico relajado. El estado hipermetabólico opuesto es la conocida respuesta de pelear o huir.

La investigación más reciente ha explorado los efectos que tiene la meditación sobre el sistema hormonal e inmunológico. Además, ha abordado el impacto clínico de la meditación en trastornos físicos y psicológicos particulares. Recientemente, las neuroimágenes funcionales[14] han permitido la exploración de correlaciones neurofisiológicas de los estados meditativos, incluyendo cambios en el flujo sanguíneo cerebral regional y en los niveles de neurotransmisores en diversas partes del cerebro.[15] Ejemplos de cambios en los niveles de los neuroquímicos en el suero, que se ven durante la meditación, incluyen aumento de nivel del GABA (un neurotransmisor inhibidor)[16], aumento en los niveles melatonina y de serotonina,[17] y disminución en los niveles de cortisol y de norepinefrina que están asociados con la respuesta de pelear o huir. Aunque elegantes, todos estos estudios tienen una deficiencia evidente. Ellos no se ocupan de los aspectos espirituales de la meditación. Obviamente esto es cierto, porque la ciencia no tiene un instrumento u otra metodología para estudiar el espíritu o alma. Un revisor de la investigación sobre la meditación sugiere de manera conmovedora que para que la investigación avance, quizás se requiera que los investigadores comiencen a meditar ellos mismos. Solo mediante la práctica y la experiencia directa de la meditación pueden remover su ceguera a la gran importancia de las experiencias de meditación. Un área de investigación contemporánea que quizás ha comenzado a abordar los asuntos espirituales es el campo de los estudios de las experiencias cercanas a la muerte.

Los investigadores han demostrado que la meditación puede intervenir de manera eficaz en la enfermedad cardiovascular (posiblemente reduce la presión arterial, el colesterol y el riesgo de ataque al corazón), en el dolor crónico (en la fibromialgia), en los trastornos de ansiedad y pánico, en el abuso de sustancias, en los trastornos dermatológicos (como la psoriasis), gastrointestinales (como el síndrome del intestino irritable), respiratorios (asma), neurológicos (disminución de la frecuencia de convulsiones en la epilepsia) y oncológicos (mejora el malestar psicológico de los pacientes de cáncer), y reduce los síntomas médicos en personas, estén o no buscando cuidado médico.[18]

En este punto nos podemos preguntar: ¿Hay razones más profundas para meditar y tratar de tener salud? o ¿Cuál es el verdadero propósito de la vida? Todas las metas analizadas hasta ahora son físicas, emocionales o psicológicas. ¿Hay un objetivo más grande? Los Maestros de *Sant Mat* enseñan que el verdadero propósito de la meditación, la espiritualidad y de hecho de la vida, es lograr el autoconocimiento y reunir a nuestra alma con Dios. Logramos el conocimiento de nosotros mismos cuando nos experimentamos como alma. Para reunirse con Dios, nuestra alma debe ir en un viaje interior a través de las regiones interiores guiada por la luz y el sonido internos.

Una de las primeras veces que tuve conocimiento de esta luz interior se produjo en la universidad, cuando trabajaba como voluntario ayudando a una mujer mayor. Antes de conocerla, ella tuvo un paro cardíaco y tuvo una experiencia cercana a la muerte. En esa experiencia, vio una hermosa luz amorosa y cálida, que de inmediato le hizo perder su miedo a la muerte. Por la forma en que hablaba reconocí que ella ya no le tenía miedo a morir.

El campo de los estudios cercanos a la muerte está creciendo. Esta área de estudio sugiere que no solo somos el cuerpo o la mente. Las personas que tienen estas experiencias pasan por varias etapas, que a menudo culminan en ver luz, seres de luz o una región de luz. Un investigador analizó adultos que de niños habían tenido una experiencia cercana a la muerte. Se encontró que quienes llegaron a la luz regresaron transformados a su vida. Se volvieron más amorosos y bondadosos, cuidaron más su salud y se dedicaron más a profesiones orientadas al servicio.[19]

El año 1988 fue un punto de inflexión en mi vida. Acababa de terminar una residencia en Medicina Familiar y estaba tratando de decidir qué dirección tomar en mi práctica de la medicina y en mi vida. Al final del año estaba en el Kirpal Ashram en Nueva Delhi, India, estudiando con mi maestro espiritual, Sant Darshan Singh Ji Maharaj. Esta fue la última vez que lo vería físicamente y en este encuentro me dio el don de la homeopatía. Si bien estaba entrenado en la medicina convencional, me intrigaba la homeopatía y quería estudiar más para poder incorporarlo en mi práctica en algún momento. Sin siquiera preguntarle, me dijo que yo podía ejercer la medicina convencional o una mezcla de esta con la homeopatía o simplemente solo la homeopatía. En ese momento, no entendía esta orientación, ya que aún no era un homeópata, pero me animó a continuar con mi estudio de la homeopatía con un nuevo entusiasmo. Unos años más tarde, hablando con Sant Rajinder Singh Ji Maharaj, comprendí que de hecho, Sant Darshan Singh Ji Maharaj en esta respuesta había trazado mi futuro para los siguientes años, ya que pasé de una práctica médica convencional a una práctica mixta y luego a una práctica completamente homeopática. Tal es la forma en que la espiritualidad y un Maestro espiritual influyeron en mi vida.

Mi experiencia personal con la luz y el sonido internos llegó a comienzos de 1989, cuando mi padre estaba muy enfermo y muriendo de cáncer. Sufrió mucho, y en un vuelo a casa, le pedí a mi Maestro espiritual que me diera una señal de que Dios estaba cuidando a mi padre. Estaba empezando a cuestionar si los Maestros realmente velan por nuestros seres queridos como lo prometen. Cuando llegué a casa de mis padres, pude pasar un tiempo a solas con mi padre para que mi madre pudiera tener un descanso. Un día, mientras caminábamos al aire libre para tomar el sol, de manera espontánea dijo que oyó una música interior. Instantáneamente supe que el Maestro estaba respondiendo a mi oración y que mi padre estaba en buenas manos en su viaje de regreso a Dios. Él iba a estar bien, incluso al irse de este mundo físico.

En conclusión, encuentro que la meditación y la espiritualidad son parte integral de mi vida y de mi práctica médica. La meditación me hace más concentrado y atento a los pacientes como se requiere en la práctica homeopática. Además, encuentro que la meditación ha ayudado a muchos pacientes que buscan formas de hacer frente a muchos problemas de salud, así como a los altibajos habituales de la vida. La meditación en la luz y el sonido internos nos ayuda a evolucionar espiritualmente y a alcanzar la verdadera meta de nuestra vida, que es el autoconocimiento y la realización de Dios.

Timothy W. Fior, MD, DHt ejerce la práctica privada en el Centro de Salud Integral en Lombard, Illinois. Durante más de 20 años, ha ejercido en Medicina Familiar y Homeopatía. Actualmente es profesor en el programa de naturopatía en la Universidad Nacional de Ciencias de la Salud. Ha dado conferencias en muchas de las facultades de medicina de Chicago y ofrece rotaciones clínicas para estudiantes de medicina y médicos en ejercicio. Es el actual vicepresidente, ex presidente y miembro fundador de la Asociación Médica Homeopática de Illinois. Ha publicado numerosos artículos en revistas profesionales y ha sido citado en varios medios de comunicación en temas acerca de la salud. Ha sido meditador y lacto-vegetariano por más de 25 años.

CAPÍTULO 11

QUIROPRÁCTICA Y MEDITACIÓN: DE LA CURACIÓN A LA INTEGRIDAD

Por Alan R. Post, DC

Introducción

Se ha dicho que si uno tuviera toda la riqueza y el dinero de este mundo, pero no gozara de salud, entonces nada tendría de valor. Con el tiempo, todos llegamos a comprender que nuestra salud es nuestro capital más valioso, porque sin ella, ¿cómo podemos aspirar a alcanzar, lograr o crear exitosamente en la vida? ¿Cómo podríamos esperar perseguir nuestras metas, vivir nuestros sueños, y explorar nuestra visión? Es nuestro cuerpo el que nos transporta a través de este mundo físico de tiempo, espacio y materia permitiéndonos ser parte de la creación y experimentarla. Es gracias a la oportunidad de esta vida que podemos buscar el significado y propósito de nuestra creación.

Sin importar si tiene la perspectiva de ser un cuerpo físico que tiene una experiencia espiritual, o la de ser un cuerpo espiritual que tiene una experiencia física, es nuestra forma estructural la que nos da el soporte para actuar a través del tiempo y del espacio en esta esfera de la vida. La estructura de nuestro cuerpo provee el marco para la expresión de la actividad de la vida a través de la energía de minúsculas partículas subatómicas organizadas en átomos, moléculas, células y órganos, que finalmente se convierten en un ser humano como nosotros.

En nuestro cuerpo disponemos de un organismo funcional y coordinado, capaz de viajar a través de este mundo magnífico y milagroso. Para quienes han perdido su salud, nada es más importante que buscar su restablecimiento. Hemos buscado la recuperación de la salud a través de muchos medios variados y diversos desde el comienzo de nuestra historia humana.

Lo mismo ha pasado con la pérdida de la salud "espiritual". En algún punto de nuestra vida aparece un momento de profunda conciencia espiritual. Necesitamos las respuestas a las preguntas universales: "¿Por qué? ¿Por qué fui creado? ¿Cuál es el significado y el propósito de mi vida?". Algunos pueden experimentar esto solo en el momento de su transición de este mundo al próximo; otros, cuando pierden un ser querido, con algún evento que altera la vida o simplemente en un periodo de revelación. Esta toma de conciencia de la necesidad de respuestas a las preguntas de la vida, puede iniciar en nosotros una transformación profunda, cuando ello ocurre. ¿Cómo podemos conectarnos a la verdad, esa esencia eterna que está en la raíz de nuestro ser y de toda la creación? ¿Cómo podemos volver a convertirnos en uno, unificados con esa energía de vida pura, centelleante y pulsante que anima a todas las formas vivientes en el cosmos?

Sé que los médicos quiroprácticos pueden jugar un papel importante ayudando a la recuperación de nuestra salud física cuando esta se ha perdido. También pueden proporcionar un beneficio valioso en el mantenimiento de nuestra salud a lo largo de la vida. Algunas veces la frontera que diferencia lo físico de lo espiritual no está definida fácilmente. Siendo bendecido con la oportunidad de servir por medio de la práctica del arte de la curación y de la ciencia quiropráctica desde 1982, y habiendo tratado a miles de pacientes y realizado cientos de miles de procedimientos quiroprácticos específicos, puedo abordar este tema. Mi búsqueda de respuestas a las preguntas de la vida me condujo a la iniciación en la práctica de la meditación en 1977, y por ello también puedo hablar desde mi experiencia personal sobre la búsqueda espiritual. Existe una oportunidad milagrosa y fantástica disponible para todos nosotros para el logro de nuestras metas de salud física y espiritual a través del uso del cuidado quiropráctico de la salud y de la meditación.

¡Exploremos estos reinos del arte y la ciencia para entender cómo ambos pueden llevarnos al sendero que lleva a la salud y la integración!

Quiropráctica y salud

En el siglo XIX, hubo un renacimiento en las artes y ciencias de la curación en el mundo occidental. Con el advenimiento de nuevos inventos, técnicas y procedimientos, desde la anestesia hasta la salud y la higiene pública, y la increíble capacidad de ver dentro del cuerpo con el descubrimiento de los rayos X, nuestra comprensión de cómo funciona el cuerpo y cómo podemos influir sobre la salud se revolucionó. Hacia la segunda mitad del siglo XIX un canadiense que vivía en los Estados Unidos, el Dr. Daniel David Palmer, desarrolló una teoría sobre la causa de las dolencias y enfermedades que afligían a la humanidad. Fue un hombre de intereses y estudios diversos que oscilaban desde la anatomía hasta la curación magnética. Postuló sobre las teorías en boga de la época referentes a una "Inteligencia Universal" que dio origen y organizó la vida en la creación. De allí propuso la teoría que la inteligencia universal que creó el cosmos tuvo una interface con los humanos por medio de una "Inteligencia Innata" que fluye a través de los sistemas del cuerpo humano organizando las funciones milagrosas que mantienen nuestra salud y nuestra vida.

Entendió la tendencia natural del cuerpo de buscar la homeóstasis y el equilibrio, maximizando el funcionamiento necesario en situaciones de estrés o cambio que lo afectaban. Palmer creía que cualquier interferencia al flujo de la inteligencia innata de un individuo se manifestaría como una incapacidad de los mecanismos homeostáticos de ese individuo para poder responder y funcionar apropiadamente, reduciendo así la capacidad de estar saludable. Conceptualizó que era más probable que la mayor interferencia a la inteligencia innata ocurriera al nivel de las vértebras de la columna. Es en estas articulaciones de la columna en donde los nervios hacen interface, entrando y saliendo de la médula espinal para comunicarse con el cerebro. El sistema nervioso envía y recibe mensajes entre el cerebro y cada célula en el cuerpo. Llamó "subluxación vertebral" a esta alteración del funcionamiento normal de la articulación de la columna. Es en este punto, en donde sería más probable que ocurriera cualquier inhibición, activación o alteración de los mensajes de los nervios hacia o desde la médula espinal. Esta deficiencia considerable al flujo de mensajes nerviosos interrumpe la inteligencia innata y por lo tanto complicaría los mecanismos homeostáticos naturales del cuerpo, influyendo en la pérdida de la salud. Así mismo teorizó que si el médico pudiera determinar dónde estaba la interferencia y eliminarla utilizando las técnicas específicas creadas por él, entonces se liberaría la inteligencia innata, dejándola fluir a su valor óptimo a través del sistema nervioso. A su vez, este flujo cumpliría su función de comunicar información y restaurar la salud.

Los científicos modernos continúan estudiando el fenómeno de la subluxación. Los neurocientíficos conocen desde hace décadas que se comunica información por la interface de las células nerviosas. Los mensajes viajan de una célula a otra a través de un punto de sinapsis entre ellas. Allí, gracias a un fenómeno químico, eléctrico y vibratorio, el mensaje se transmite a través del sistema nervioso. Cuando los factores de estrés exceden la capacidad de respuesta normal del sistema de articulaciones, se producirá una subluxación. A menudo esto se debe a un evento inducido por un esfuerzo, lo que origina una distorsión. Puede ser una alteración mayor, causando un daño obvio al tejido y estructuras circundantes como en las lesiones por torceduras y esguinces; con síntomas localizados de dolor y una alteración considerable de la motricidad gruesa. También puede ser una alteración menor causando cambios funcionales importantes, con poco o ningún daño evidente al tejido y estructuras vecinas y sin ninguna pérdida visible en la motricidad gruesa ni sintomatología localizada.

Hay una interconexión de los diferentes sistemas del cuerpo que busca asegurar la supervivencia en los distintos entornos de la creación. Ningún sistema es más crítico para nosotros que nuestro sistema nervioso en este proceso. Toma la información, la procesa, y luego transmite los mensajes de respuesta, que permiten una comunicación y respuesta instantánea y dinámica. El sistema nervioso actúa para integrar, coordinar y comunicar el funcionamiento de todos los demás sistemas vitales, tales como el hormonal, circulatorio, linfático, etc.

El papel del quiropráctico es eliminar la interferencia en los canales neurológicos, biomecánicos y de comunicación del cuerpo, permitiéndoles funcionar de manera óptima. El poder que creó y gobierna el cuerpo en última instancia lo cura. Un doctor no cura a un paciente. Es el mecanismo homeostático intrínseco del propio paciente el que facilita la curación.

Los tratamientos del Dr. Palmer le restablecieron la salud a gente que venía sufriendo de muchas afecciones diferentes. ¡Sus resultados fueron fenomenales! Las noticias se esparcieron rápidamente y pronto hubo un gran número de pacientes acudiendo a su clínica en Davenport, Iowa. No pasó mucho tiempo antes de abrir la primera escuela quiropráctica para educar, enseñar y entrenar a otros doctores en la práctica de este nuevo arte curativo. Lo llamó "quiropráctica", del latín: hecho a mano.

El ajuste quiropráctico puede tener un efecto local de alivio del dolor o del malestar en el sitio de la subluxación, o influenciar efectos sistémicos más complejos a través del sistema nervioso mejorando funciones del cuerpo distantes del área de subluxación. Aún estamos aprendiendo sobre estos mecanismos y cómo estas interacciones pueden estimular la respuesta curativa intrínseca de un paciente. En un estudio ejemplar realizado en 1991, se encontró que los glóbulos blancos del cuerpo, nuestras defensas del sistema inmunológico, mostraban una actividad fagocítica mayor (la capacidad para destruir y consumir a otras células reconocidas como extrañas e indeseables).[1] Hay una multitud de estudios de investigación, demasiado numerosos para referirse a ellos o revisarlos aquí, que nos ayudan a entender el impacto profundo que puede tener un ajuste quiropráctico.

Palmer creía que el papel y la responsabilidad del médico quiropráctico era detectar y corregir las subluxaciones en cualquier parte del cuerpo. Esta llegó a ser la base fundamental del entrenamiento del médico quiropráctico que lo diferenciaría de todos los demás médicos en las artes curativas. Con el paso del tiempo, a la vez que se ha desarrollado nuestro saber y conocimiento de la ciencia, también se ha evolucionado en la formación de los médicos quiroprácticos. Sin embargo, el enfoque fundamental de la quiropráctica para la curación y el bienestar sigue siendo el arte de detectar, localizar y corregir las subluxaciones de la columna vertebral, y de cualquier otra área anatómica desalineada, torcida, con o sin interferencia mecánica o neurológica que afecte la salud de un individuo. El entrenamiento médico quiropráctico es riguroso, extenso y exhaustivo. Proporciona los requisitos para la certificación de grado y concesión de licencias reconocidas en todos los Estados Unidos y en numerosos países del mundo.

Cuando el cuerpo y sus partes no están a gusto, se producirá un estado de disgusto. Este estado de disgusto pudiera ser el origen del proceso de una dolencia o de una enfermedad. Cuando el cambio o el estrés afectan el cuerpo, su respuesta natural es buscar el equilibrio y la homeóstasis. Pocos son conscientes de que las fuerzas gravitacionales que trabajan en el plano de la física y que afectan toda la materia en el cosmos también tienen un efecto significativo sobre nuestra salud. En el acto aparentemente sencillo de caminar erguidos, nosotros los seres humanos desafiamos algunas de las leyes universales de la gravedad. El enfoque estructural de los quiroprácticos es remover los efectos negativos de las fuerzas gravitacionales y eliminar el disgusto del cuerpo.

Los quiroprácticos modernos también reciben entrenamiento en la ciencia de la microbiología y la inmunología, estudiando los efectos que las bacterias, los virus, etc., tienen en el cuerpo humano. Aunque no se puede ignorar ese efecto, la quiropráctica siempre se ha enfocado en la resistencia del paciente. Eso determinará mejor la extensión que esos efectos pudieran tener sobre el individuo. Es importante comprender que con excepción de las más inusuales y virulentas formas, las bacterias y los virus nos rodean todo el tiempo. Cada vez que ha habido una plaga o epidemia, todos estamos expuestos, pero solo algunos sucumben. La quiropráctica siempre ha tenido el objetivo de crear un ambiente en el paciente que, a través de la expresión natural e ideal de la salud, sea más resistente a la enfermedad.

En las últimas décadas, la investigación también ha revelado el papel increíble que nuestras emociones pueden tener sobre la salud y nuestra capacidad para resistir a la enfermedad. La ciencia ha identificado que los sentimientos humanos son el nexo para liberar ciertos químicos neurotransmisores. Ellos tienen un efecto directo sobre la respuesta hormonal de nuestros sistemas glandular e inmune, y sobre la capacidad de nuestro cuerpo para combatir y sucumbir a la enfermedad. Las emociones positivas tales como la felicidad, el amor y la alegría, de hecho afectan el cuerpo físico y la salud emocional de muchas formas importantes. Las emociones negativas como el odio, el miedo, la ira y la tristeza tienen otros efectos perjudiciales. Los estudios han demostrado que incluso el sencillo acto de sonreír tiene una influencia estimulante positiva sobre nuestro sistema inmunológico, lo que mejora nuestra capacidad para combatir el virus del resfriado, en vez de caer víctimas.[2]

Con su conocimiento, el quiropráctico puede localizar y tratar muchos problemas que pudieran interferir e inhibir la sabiduría innata de nuestro cuerpo y su tendencia hacia la salud óptima. Sin embargo, algunas veces la intervención de un tratamiento por sí sola es incapaz de alterar el curso de la enfermedad. Puede haber otros factores que afectan la salud que están fuera del dominio de la habilidad de nuestro médico o incluso de nuestro control personal. Estos factores pueden venir de nuestro entorno, de la genética, las emociones u otras fuentes. Finalmente, lo máximo que un individuo puede hacer es procurar tomar decisiones impecables sobre la salud. Tener un quiropráctico competente y solícito como un aliado en nuestra búsqueda de la salud, la curación y la integración es una de esas decisiones importantes.

La curación y el espíritu

La palabra "curación" (en inglés del texto original *healing*) proviene de la raíz del sonido "*ha*". Se encuentra en los idiomas de todas las diferentes regiones de la Tierra: desde la antigua lengua sánscrita de India, hasta las antiguas lenguas de Europa, el griego y el latín, y hasta las lenguas nativas tradicionales de Norteamérica y Suramérica. Cuando uno investiga las definiciones comunes de la palabra curación, encuentra que incluyen: "estar intacto, sano, vibrante, sonido y luz". Se la asocia con: "armonización, felicidad, continuidad, conciencia y bienestar". Para buscar la salud, uno debe moverse de la oscuridad a la luz, de la discordia a la concordancia, del caos a la armonía.

Para algunos, la salud parece ser un estado natural que ha llegado fácilmente y rara vez se pierde. Estas personas pueden ser simplemente afortunadas o quizás hayan sido bendecidas con ciertos dones. Sin embargo, ¿podemos crear nuestra suerte y destino? ¿Cuánto de nuestra salud se rige por factores genéticos, ambientales y sociales? ¿Cómo inciden los factores kármicos? Se ha dicho que existe una ley universal relacionada con la acción y la reacción. En cierta forma hay referencias sobre esto, en todos nuestros textos religiosos. La mayoría de nosotros estamos familiarizados con la cita, "lo que siembres, cosecharás". Esta ley de acción y reacción es una de las piedras angulares en la mayoría de las enseñanzas religiosas. Nos ayuda en nuestra firmeza de propósito entre el bien del mal. "Trata a los demás como te gustaría que te trataran a ti", es un principio rector universal. Muchos buscan honrar esto en sus acciones por ninguna otra razón que para evitar que ocurra alguna posible represalia en el futuro. "Lo que se da, es lo que se recibe" es, precisamente, otra variante del tema.

No obstante, incluso si hubiera aspectos del estado de nuestra salud a los que estamos destinados, o por los cuales pudiéramos haber sido consciente o inconscientemente responsables de haberlos creado, aún allí hay para nosotros una zona de libre albedrío. Es aquí donde podemos ejercer una influencia sobre ese destino. Es una esfera en la que podríamos trabajar activamente con nuestra resolución de crear una realidad nueva y diferente para nuestro futuro. No necesitamos limitarnos a nuestras expectativas pasadas ni a nuestros sistemas de creencias. Podemos, a través de nuestras elecciones, tomar acciones que tengan tanto una influencia como un efecto sobre nuestra vida.

Tal vez haya una porción de nuestro viaje por la vida que no se puede cambiar y es lo que traza el curso de los temas, eventos y problemas esenciales de nuestra vida. Algunos han usado la analogía de la experiencia kármica principal con las paradas de la estación del tren del viaje de nuestra vida. Cómo trazamos la ruta entre aquellas estaciones importantes recae en nuestra zona de libre albedrío, y son nuestras acciones en esta esfera las que luego van a sembrar las semillas de nuestras experiencias futuras. Algunos de nuestros pensamientos o hechos del pasado, nos han traído a este momento proporcionándonos las circunstancias de la vida, la constitución genética y el entorno ambiental de nuestra existencia. Otros hechos innumerables permanecen ocultos, esperando conformar nuestras futuras experiencias por venir.[3]

Cuando se trata de nuestra salud, hay asuntos kármicos que pudieran afectarnos. Sin embargo, nunca debiéramos subestimar los efectos que nuestras acciones y elecciones, y el libre albedrío tienen sobre las circunstancias de nuestra vida actual. La acción recíproca de las fuerzas kármicas con nuestros pensamientos, palabras y acciones presentes crean nuestro futuro. Con el dominio apropiado de nuestra intención y un enfoque en lo que queremos crear en nuestra vida, tenemos el poder para influir en el cambio y la transformación. Nuestra intención afecta no solo nuestra propia vida, sino que en últimas está entrelazada con toda la creación y la afecta. Podemos ser curados y volver a estar sanos de nuevo. ¡Donde hay respiración hay vida, y donde hay vida hay esperanza!

Ciertas prioridades pueden tener prelación cuando uno está enfermo. La enfermedad puede ocurrir en niveles diferentes y simultáneos. Uno puede estar enfermo a nivel físico, emocional o espiritual. Algunas circunstancias, aparentemente fuera de nuestro control, nos lanzan hacia una nueva forma de ser, sentir y pensar. A veces la confrontación con nuestra enfermedad sirve como el catalizador que enciende nuestro crecimiento. He trabajado con pacientes que al pasar por una crisis de salud, encontraron el ímpetu y la inspiración para hacer un cambio a conciencia de sus sistemas de creencias, lo que alteró no solo sus hábitos, estilo de vida y preferencias, sino el curso de toda su vida. Esos cambios pueden abarcar muchos aspectos: la alimentación, el ejercicio, la profesión, las relaciones interpersonales, los patrones de pensamiento, los hábitos, la conciencia espiritual, etc. Un aparente problema de salud del cuerpo físico algunas veces no se resolverá a menos que las medidas adoptadas se dirijan a la raíz de los aspectos subyacentes de la salud emocional o espiritual. Tales cuestiones permanecen silenciosas en la base y en el núcleo de nuestro disgusto, socavando insidiosamente todo lo que estemos tratando de lograr. Somos entidades tan únicas, una integración de muchos componentes complejos. A veces, lo que parece tan obvio no es más que una ilusión.

De la misma forma como podemos organizar nuestra vida con una lista diaria de tareas por hacer, con una jerarquía de prioridades de mayor a menor importancia, o de la más fácil a la más difícil, hay sistemas de prioridades que operan tanto de manera evidente como invisible con respecto a nuestro cuerpo y a nuestra salud en general. ¿Cuenta con una mejor salud el individuo físicamente bueno pero lisiado a nivel emocional o espiritual? O, ¿es más saludable quien estando limitado en su capacidad para desenvolverse en el plano físico, es vital y dinámico en lo emocional y espiritual? Finalmente, tenemos que decidir qué es lo que buscamos en la vida y definir nuestras prioridades. Tenemos asignado un tiempo limitado. Como se ha dicho: "¡Quién sabe, podríamos no levantarnos de nuestra cama para ver mañana el amanecer!"

A medida que maduramos en el viaje de la vida, llegamos a comprender que los acontecimientos que han ocurrido en sí mismos no son ni buenos ni malos. Simplemente nos proporcionan una oportunidad para seguir evolucionando. Con cada elección que hagamos, podemos examinar si nos estamos volviendo más sanos y estamos moviéndonos hacia la luz, la salud y la integración, o si nos estamos alejando de ello. ¿Qué alimentos consumimos? ¿Cuáles son nuestros pensamientos? ¿Cómo actuamos y nos comportamos con los demás? ¿Hacemos ejercicio? ¿Somos bondadosos? ¿Somos veraces? ¿Cuánto y qué es lo que bebemos? ¿Son nuestras actividades laborales y de ocio un apoyo para el logro de nuestras metas? ¿En nuestra vida, somos conscientes en todo momento? ¿Solo tomamos lo que la vida tiene para darnos, o nos ofrecemos para dar con generosidad? Todas estas cosas y muchas más, han contribuido a llevarnos a nuestro estado actual, donde estamos ahora, en este momento. Las elecciones que hacemos hoy influyen no solo en nuestra capacidad para movernos hacia el futuro sino que determinarán en dónde estaremos mañana.

Meditación: de la curación a la integridad

Si se consideraran los beneficios físicos documentados que se atribuyen directamente a las prácticas de la meditación, habría razones de sobra para motivar nuestra búsqueda de una rutina regular de meditación en la vida diaria. Hay muchos estudios que asocian la meditación con los efectos benéficos para la salud como la disminución de la presión sanguínea, de la frecuencia cardíaca, de los efectos nocivos del estrés, del daño celular, etc. Numerosos libros ofrecen formas de meditación, sencillas y efectivas para mejorar la salud física y emocional. En el influyente libro de Benson de 1975, *La respuesta de la relajación*, el profesor de Harvard fue uno de los primeros en documentar científicamente esos beneficios relacionados con la meditación.

Sin embargo, ¿qué tal si hubiera razones para meditar incluso más valiosas que mejorar nuestra salud física y emocional? ¿Qué tal si hubiera otro factor decisivo en la práctica de la meditación? ¿Qué tal si una práctica de meditación pudiera reconectarlo a uno con su fuente espiritual en el corazón mismo de su ser? ¿Qué tal si el concepto metafísico de una Inteligencia Universal que ha creado y sostenido la creación tuviera un nexo directo con el espíritu que somos y que vivifica nuestro cuerpo físico? ¿Qué tal si análoga a la teoría de Palmer de la eliminación de bloqueos e interferencias en un cuerpo físico a través de un “ajuste quiropráctico”, fuera posible a través de un “ajuste espiritual” abrir la puerta para que nuestro espíritu se conectara con esta fuerza, capaz de suscitar nuestro crecimiento espiritual y evolución convirtiéndonos finalmente en seres humanos íntegros? ¿Qué tal si tuviéramos una práctica de meditación específica que nos permitiera alcanzar una experiencia consciente de esa Inteligencia Universal? ¿Qué tal si el ajuste espiritual le permitiera a uno conectarse, comulgar y finalmente volver a unirse con ese poder universal y luego fundirse otra vez en esa esencia creadora de la cual emanó?

Así como un "Maestro" quiropráctico sabe cómo localizar y eliminar la interferencia que está afectando la salud física de un individuo, un verdadero "Maestro" en el arte de la meditación puede remover la interferencia que está afectando adversamente nuestra salud espiritual. Así como existen grados de idoneidad en todos los campos, también sucede en este campo. Un médico quiropráctico puede localizar interferencias en el cuerpo físico y tratarlo correctamente con la mayor prioridad y puede proporcionarle el catalizador para curarlo y que sea de nuevo un ser humano sano. En el reino espiritual, esto funciona de una manera similar. Un Maestro de meditación del más alto orden puede proporcionarnos una experiencia interna y personal gracias a técnicas especializadas y enfocadas de meditación que nos permiten conectarnos con la esencia espiritual universal dentro de nosotros. Una vez que el proceso ha comenzado podemos continuar progresando, siempre esclareciendo nuestra experiencia espiritual al ir fundiéndonos cada vez más profundamente en nuestro ser esencial, ¡mientras avanzamos en el increíble viaje de regreso a nuestra Fuente!

Existen Maestros de meditación capaces de realizar el "ajuste" espiritual requerido para revelar nuestro potencial y destino humano.[4] Estos Maestros de meditación están armonizados y conectados conscientemente a esta energía inteligente divina, y tienen la capacidad de proporcionarnos el "ajuste espiritual" para que también podamos conectarnos con tal energía, sentirla y unirnos a ella dentro de nuestro propio cuerpo.

Necesitamos diligencia, esfuerzo y gracia para tener éxito en nuestra búsqueda de ser curados y volver a ser íntegros. Con nuestra salud maximizada, podemos perseguir mejor las maravillas y misterios de la vida, buscando nuestro destino final. En el cuidado quiropráctico, la prueba está en la experiencia del propio proceso de curación física: superando el dolor, la disfunción y la discapacidad. En la meditación, la prueba está en la experiencia de nuestro proceso de curación espiritual.

La investigación científica continúa estudiando, evaluando y entendiendo mejor la quiropráctica, la curación, la meditación y la conciencia. Siempre estamos aprendiendo más sobre este cuerpo increíble en el cual residimos y el papel esencial que juegan la quiropráctica y la meditación. Con cada nuevo paso, progresamos hacia la manifestación de una "edad de oro" del conocimiento, acercando más nuestra existencia física en la Tierra a una relación armoniosa con lo espiritual y lo divino.

A veces es el clamor de nuestro cuerpo el que debemos escuchar para que la puerta de nuestra curación física pueda abrirse. Otras es el llanto de nuestra alma el que debemos escuchar para que la puerta de nuestra curación espiritual pueda revelarse. Es por la armonización de nuestro aspecto físico con el espiritual que de nuevo podemos lograr la unidad. Es gracias a la meditación que podemos experimentar el cenit final de la vida, la unión de nuestra alma con la esencia de la creación.

Alan R. Post, DC es un médico quiropráctico con una licenciatura en Biología Humana. El Dr. Post se graduó con honores del Logan College de Quiropráctica en 1982 y tiene una certificación de postgrado en acupuntura. En 1993, fue miembro de la Delegación Médica de Norteamérica a China a través de la Academia Internacional de Acupuntura Clínica. Fue presidente de las asociaciones de quiropráctica del estado de Rhode Island y de la región noreste del Estados Unidos. Es miembro del Consejo Asesor de la Facultad de Quiropráctica de la Universidad de Bridgeport. El Dr. Post ha sido instructor médico de programas de educación continuada y es consultor de un programa de medicina integral. Ha sido parte activa de la reforma del cuidado de la salud, participando en numerosos comités como miembro y presentador. El Dr. Post mantiene dos consultas activas de cuidado en Rhode Island. Ha recibido numerosos premios por su servicio profesional.

PARTE 5

Meditación y el cerebro

CAPÍTULO 12

NEUROTEOLOGÍA: EL CEREBRO Y LA CIENCIA DE LA MEDITACIÓN

Por Louis A. Ritz, PhD

Departamento de Neurociencia, Facultad de Medicina de la Universidad de Florida

A medida que nuestra vida se vuelve cada vez más compleja, la espiritualidad y la meditación se están adoptando cada vez más en todo el mundo, incluyendo Occidente. Para encontrar soluciones a los retos de la vida, las personas están buscando dentro de sí mismas, en lugar de hacerlo en el mundo exterior. La espiritualidad está ganando popularidad por diversas razones, por ejemplo, la búsqueda de un significado más profundo, el manejo de emociones desenfrenadas o de una mente rebelde, el temor a la muerte, el miedo a la vida, la pérdida de un ser querido o un problema de salud. A un nivel más profundo, existe una fuente común de nuestro sufrimiento. A medida que cada uno de nosotros se enreda más y más en lo efímero del mundo exterior, es inevitable que aumenta nuestro nivel de insatisfacción y decepción con la vida cotidiana. En lugar de identificarnos con nuestro verdadero Ser en lo profundo de nuestro interior, como los grandes Maestros de todas las tradiciones de sabiduría nos han implorado, nuestra atención e intenciones han permanecido identificadas con el yo ilusorio y con el efímero mundo exterior. Irónicamente, el sufrimiento es el que nos impulsa a muchos de nosotros a inculcar la espiritualidad en nuestra vida.

Mientras que los remolinos del mundo cambiante se mueven a nuestro alrededor, creando desafíos y falta de armonía en nuestra vida, existe un punto de sosiego que da acceso a la felicidad que está en lo profundo de nuestro ser. Como dice Mark Nepo (2006), autor de temas sobre espiritualidad y sobreviviente de cáncer: "Cada persona nace con un punto libre de barreras, sin expectativas ni lamentos, libre de ambición y vergüenza, sin temores ni preocupaciones, un punto umbilical de gracia, en el que Dios nos tocó por primera vez". Las técnicas espirituales para acceder y sentir ese punto de calma que da acceso a la felicidad, "el punto umbilical de gracia", incluyen la meditación y la oración. Se considera la meditación –pilar de la espiritualidad– como panacea para la humanidad, que nos permite volver a conectarnos con lo Divino que está dentro de cada uno de nosotros (Singh, Rajinder, 2007a, 2007b, 2011).

Cada vez más, se están examinando las técnicas de meditación con el microscopio de la ciencia médica occidental, debido a que los investigadores están estudiando los mecanismos cerebrales y los beneficios para la salud asociados con la meditación. Existe un interés creciente en la "neuroteología", que se puede considerar como el papel del cerebro al *sentir* a Dios. Esta definición implica ir más allá de un estudio intelectual de Dios. Para presentar la neuroteología y la ciencia de la meditación, en este capítulo resumiremos de manera breve lo siguiente: 1) los estudios científicos sobre la influencia de la meditación en el cuerpo y el cerebro, 2) las generalidades de los beneficios de la meditación en la salud, 3) el enfoque científico de aplicar la meditación en nuestra vida cotidiana, y 4) los mecanismos trascendentes, invocados durante la meditación que pueden extenderse más allá del cerebro. El punto de vista particular de este capítulo, con respecto al tema de la función del cerebro en experiencias de meditación y espirituales, es analizar tanto los mecanismos cerebrales como los "trans-cerebrales" que toman parte en nuestras experiencias de lo divino.

1) Estudios científicos acerca de la meditación y el cerebro La fisiología de la meditación

Aunque los científicos han investigado el yoga y la meditación desde la década de 1930, se puede decir que la era moderna de la exploración científica comenzó con los estudios fisiológicos de Robert Wallace y Benson Herbert sobre la Meditación Trascendental (MT) (Wallace, 1971; Wallace y Benson, 1972). En sus evaluaciones fisiológicas, encontraron que durante la MT hubo disminuciones en la frecuencia y volumen cardíaco, en la presión sanguínea, en el consumo de oxígeno y en la eliminación de dióxido de carbono. Además, hubo aumentos en la resistencia de la piel. Estas observaciones llevaron a los investigadores a concluir que la meditación induce un estado que disminuye el metabolismo, un estado fisiológico diferente a la vigilia, al sueño y los sueños.

Los investigadores especularon que la MT, mediante mecanismos que aún no se conocen, influye en el hipotálamo del cerebro y en el tronco cerebral para lograr cambios en el metabolismo y en las funciones fisiológicas. La meditación induce cambios en las funciones cerebrales, parece que produce un estado metabólico disminuido que activa la porción del sistema nervioso autónomo parasimpático ("descanso y digestión") y desactiva la porción simpática ("pelear o huir"). Es probable que estos mecanismos sean invocados por todas las técnicas de meditación de naturaleza calmada.

Experiencias basadas en el cerebro

En 1997, dos neurólogos de la Universidad de California en Los Ángeles, el Dr. Jeff Ahorro y el Dr. John Rabin, realizaron una publicación académica titulada "Los sustratos neurales de las experiencias religiosas", que especuló sobre los mecanismos cerebrales relacionados con las drogas alucinógenas, las experiencias cercanas a la muerte y la epilepsia del lóbulo temporal. El artículo comienza con la afirmación categórica: "La experiencia religiosa está basada en el cerebro". Los autores continuaron ampliando su tratado: "Esto debe ser tomado como un reclamo que no tiene nada de excepcional. Toda la experiencia humana está basada en el cerebro, incluyendo el razonamiento científico, la deducción matemática, el juicio moral y la creación artística, así como los estados religiosos de la mente". La mayoría de los científicos del cerebro y los médicos probablemente estarían de acuerdo con esa posición. Otros, con una apreciación más amplia de la complejidad de la experiencia humana, ofrecerían un informe de la minoría. Esto es, algunos científicos llegan a la conclusión que la experiencia humana no puede reducirse únicamente a las funciones de los circuitos del cerebro.

A medida que exploremos más a fondo estos temas, se argumentará que las experiencias religiosas/espirituales pueden involucrar tanto los mecanismos cerebrales como los "trans-cerebrales". Así, los eventos sensoriales/motores del dominio físico son regulados por el cerebro físico. Las experiencias trascendentes, más allá del dominio físico (y del cerebro físico), requieren diferentes mecanismos, más sutiles que se describirán a continuación.

La meditación y los lóbulos frontales

Un estudio de la corteza cerebral de los humanos (Nadeau et al., 2004) indica que regiones específicas se dedican a determinadas funciones sensoriales y motoras. Por ejemplo, la corteza visual primaria está en el lóbulo occipital, la corteza somato sensorial primaria está en el lóbulo parietal, la corteza motora primaria está en el lóbulo frontal y la corteza auditiva primaria está en el lóbulo temporal. Hay que tener en cuenta que las cortezas primarias constituyen solo el 15 % de la corteza. El 85 % restante de la corteza cerebral se dedica a lo que se conoce como "las funciones corticales superiores", más allá de las responsabilidades de las funciones primarias sensoriales y motoras. Las funciones superiores incluyen los aspectos sensoriales y motores del lenguaje, el almacenamiento y la recuperación de recuerdos, el procesamiento de información sensorial de orden superior y la planificación de actividades motoras de alto orden. Los lóbulos frontales son considerados como ejecutores de las actividades humanas más elevadas, y están asociados con la personalidad, las expectativas y la planificación, la motivación, la atención y las adaptaciones sociales. Desde el amplio repertorio conductual de los lóbulos frontales, su papel en la meditación es un objetivo lógico para la investigación.

El lóbulo frontal izquierdo, en particular, ha sido blanco de los investigadores en cuanto a su papel en la felicidad y en otras emociones positivas (Davidson, 2004; Lutz et al, 2008). Los neurólogos están familiarizados con déficits de comportamiento causados por la enfermedad cerebrovascular o daños en el lóbulo frontal izquierdo. En estos individuos desafortunados su experiencia de la alegría de la vida está limitada. Hace poco, los investigadores se han centrado en el lóbulo frontal izquierdo con la estimulación magnética transcraneal en casos de depresión grave (George, 2010). La activación de esta región resultó benéfica para un número significativo de pacientes. Estudios recientes de imágenes neuronales han resumido la evidencia inicial que indica la participación durante la meditación de los circuitos límbicos frontales para el control emocional y de las conexiones parietales frontales para el procesamiento de la atención (Rubia, 2009; Slagter et al, 2011).

Neuroteoplasticidad: cambiar el cerebro desde el interior

Algunas investigaciones neurocientíficas sobre los efectos de la meditación en el cerebro incluyen a Su Santidad el Dalai Lama. En los últimos años ha tenido reuniones estimulantes y profundas con neurocientíficos eminentes para explorar la intersección entre el cerebro y la mente. El libro de Susan Begley en el año 2007, titulado *Train your Mind,Change your Brain* describe los debates sobre el tema de vanguardia de la neuroplasticidad.

Neuroplasticidad significa que las experiencias del mundo externo pueden moldear o esculpir el cerebro. Hasta hace poco, los neurocientíficos asumían que el cerebro maduro era un circuito integrado. Es decir, una vez que los circuitos neuronales se establecen, no hay reorganización, independiente de la lesión, enfermedad o envejecimiento. Cuando un circuito neuronal se altera o destruye, no se sustituye, y como resultado normalmente se pierde una función específica. Sin embargo, durante los últimos 20 años, ha surgido un nuevo conjunto de reglas acerca de la organización y la reorganización del sistema nervioso central. Las células madre del cerebro adulto son un aspecto potencialmente importante de la neuroplasticidad. Está aumentando con velocidad nuestra comprensión de los mecanismos de regeneración de los tractos fibrosos del sistema nervioso central, después de una lesión. Mediante el fortalecimiento de las conexiones sinápticas se comprenden mejor los mecanismos celulares de la formación de la memoria. Sin duda, el cerebro muestra plasticidad.

También está claro que las experiencias del mundo exterior pueden cambiar los circuitos del cerebro. Por ejemplo, las mejoras en las habilidades motoras están acompañadas por un aumento en el tamaño de las regiones del cerebro relacionadas con la habilidad motriz. La forma en que las experiencias interiores o espirituales pueden alterar el cerebro se aprecia menos. El proceso generalizado de neuroplasticidad puede ser ampliado para incluir el proceso especializado de "neuroteoplasticidad". Aunque la mayoría de los estudios sobre la neuroplasticidad se centran en la interacción del mundo externo u objetivo con el cerebro, las investigaciones incipientes de neuroteoplasticidad se enfocan en cómo nuestro mundo interior o subjetivo puede afectar al cerebro. Cómo se manifiesta el proceso interno de desarrollo espiritual operando cambios en el cerebro físico, se encuentra actualmente en las primeras etapas de la comprensión. La investigación de laboratorio del Dr. Richard Davidson, antes citada, ha sido inspirada por Su Santidad el Dalai Lama.

Una pista de cómo nuestro panorama interior puede afectar a nuestro cerebro se demostró en un estudio de los cambios estructurales en el cerebro de algunos meditadores (Lazar et al., 2005). Estos investigadores compararon los cerebros de los dos grupos de la misma edad, un grupo de meditadores y el otro no. Usando imágenes de resonancia magnética (MRI) para medir el grosor de las áreas corticales del cerebro, se observaron diferencias significativas en el grosor de las zonas asociadas con la meditación. De especial interés es que la atrofia del cerebro que tiene lugar como parte normal del envejecimiento, se redujo en los meditadores. Si bien debemos proceder con cautela en la interpretación de este estudio, es un primer paso muy interesante para entender "cómo el interior cambia al exterior".

Más recientemente, Hölzel et al., (2010) evaluaron el impacto de un programa de 8 semanas sobre la reducción del estrés con base en la plenitud mental, analizando la estructura cortical del cerebro. Una característica clave de este estudio, a diferencia de la investigación anterior, es que se obtuvieron imágenes de resonancia magnética de las personas antes y después del programa. Las personas tuvieron un aumento significativo en el hipocampo y en la circunvolución cingulada, que son importantes para la formación de la memoria y la regulación emocional. Al adoptar la espiritualidad y la meditación, podemos cambiar nuestros patrones de pensamiento y nuestros circuitos cerebrales, lo que a su vez cambiará nuestro comportamiento y nuestra vida.

"La razón por la que no olvidamos a Dios"

Andy Newberg, un neuroradiólogo de la Universidad de Pensilvania, es un líder en la investigación científica asociada a las imágenes cerebrales de experiencias espirituales. Sus esfuerzos se han documentado en su libro, en compañía de Eugene d'Aquili, *Why God Won't Go Away: Brain Science and the Biology of Belief.* Newberg y sus colegas han registrado imágenes cerebrales de monjes budistas en meditación y monjas franciscanas en la profundidad de una oración devocional. Mediante escáneres PET se monitoreó el flujo de sangre a través del cerebro en el ejercicio. Para entender los resultados, es importante saber que el flujo de sangre aumenta en la región activa del cerebro y se reduce en la parte inactiva. En estado de contemplación, los individuos de cada grupo indicaron a los investigadores cuándo alcanzaron un estado de "unión con el universo". En esta experiencia espiritual hubo una disminución apreciable en el flujo sanguíneo en el lóbulo parietal derecho. En víctimas de accidentes cerebrovasculares, las lesiones de esta región del cerebro conducen a la "negación hemi-espacial", en la que el paciente no es consciente de la parte izquierda de su mundo espacial. Al parecer, durante la práctica contemplativa, la disminución de la actividad del lóbulo parietal derecho (y tal vez del lóbulo parietal izquierdo) se correlaciona con una pérdida de la conciencia del mundo físico, interpretada como una experiencia de fusión con lo Divino. Newberg cree que la fuerte evidencia de la participación del cerebro en estas experiencias espirituales, es una señal de una conexión entre los seres humanos y Dios. De hecho, esta es la razón por la que Newberg cree que no olvidamos a Dios. Dios nos ha dado a los humanos los circuitos cerebrales que nos permiten sentir lo Divino.

Las experiencias místicas de las monjas carmelitas

Beauregard y otros (2006, 2007 y 2008) investigaron los circuitos neuronales implicados en la unión mística, nacida de las prácticas contemplativas de las monjas carmelitas. Estos estudios científicos fueron particulares al señalar que las monjas trataban de tener, o por lo menos recordar y revivir, una experiencia mística incluyendo una unión con el Creador. Los estudios con resonancia magnética funcional de imágenes (MRI funcional) y los análisis electro-fisiológicos de EEG se correlacionaron con las evaluaciones cualitativas de las experiencias subjetivas de las monjas. Es de destacar que muchas áreas del cerebro, incluyendo el lóbulo frontal, los lóbulos parietales, los ganglios basales y el tronco cerebral, se activaron durante la sesión. Los autores concluyeron que no hay una región única en el cerebro dedicada a experiencias espirituales.

Resumen del papel del cerebro en las experiencias religiosas y espirituales

El cerebro es la joya de la corona de la *creación física*, es el centro de control del cuerpo, su dominio es el reino material pero no va más allá. El cerebro, como una primera aproximación, recibe impresiones sensoriales del mundo y genera las señales motoras que moverán los músculos del cuerpo. Por lo tanto, todas las experiencias religiosas/espirituales de *naturaleza física* como las sensaciones visuales, auditivas y emocionales serán reguladas por el cerebro físico. Parece que la correlación cerebral de estas experiencias, generalmente se distribuye a través de varios de los circuitos del cerebro que están asociados con nuestras actividades normales sensoriales, motoras, emocionales y de la atención. Sin embargo, las experiencias subjetivas de un místico, que se encuentran más allá del ámbito físico, necesariamente requieren de mecanismos más allá del cerebro físico. Estos mecanismos se analizarán al final del capítulo.

2) Los beneficios de la meditación para la salud

En esta sección, vamos a destacar: i) el papel de la meditación como una medicina complementaria, que es facilitar nuestro bienestar y el de complementar la medicina occidental alopática cuando sea necesario, ii) el Programa de 12 pasos como una intervención espiritual en el programa de salud para la adicción, y iii) cómo la meditación puede reducir el estrés en nuestra vida.

Meditación: la mejor medicina complementaria

Durante la última década, ha existido un creciente interés en las medicinas alternativas en general y específicamente en la meditación. Una encuesta en el año 2002, llevada a cabo por el equipo de investigación del Dr. David Eisenberg de la Facultad de Medicina de Harvard (Tindle et al., 2005), documentó que los estadounidenses están adoptando cada vez más la medicina complementaria y alternativa, incluyendo las técnicas de meditación. Existen numerosas razones para que las personas adopten la meditación: para aliviar el estrés, detener el parloteo de la mente, calmar las emociones volátiles, eliminar las máscaras superficiales de nuestra vida, o para facilitar la búsqueda del sentido de la vida y la conexión con un poder superior. Un Reporte de las Estadísticas de Salud Nacional (Barnes et al., 2008), encargado por los Centros para el Control y Prevención de Enfermedades de los Estados Unidos, indica que el 9,4 % de los estadounidenses han incorporado en alguna forma la meditación a su vida.

La meditación, con la capacidad de afectar el cuerpo físico, las emociones, la mente y el alma, se puede considerar como la mejor medicina complementaria. Esto no quiere decir necesariamente que la meditación pueda curar las enfermedades físicas principales que afectan a los seres humanos. Sin embargo, puede proporcionar un alivio significativo cambiando nuestra perspectiva con respecto a la enfermedad física y reduciendo el estrés que agudiza los problemas físicos y obstaculiza la curación. Es sumamente eficaz, cuando se aplica correctamente en trastornos emocionales y mentales más complejos y profundos.

El mayor impulso para incorporar la meditación en nuestra vida es la búsqueda de lo sagrado en el interior, el pináculo de la vida de acuerdo a los santos y místicos (Singh, Rajinder, 2007a, 2007b, 2011). La meditación, como un proceso para profundizar en nuestro propio silencio y oscuridad interior, facilita la aparición de panoramas y sonidos divinos. En el proceso, enfrentamos al reto nuestro número uno de nuestra salud (¡y espíritu!): el de nuestra separación del Creador. Todos los demás problemas espirituales y de la salud están relacionados con esa separación. Es decir, como resultado de esta separación de largo tiempo, se considera que las reacciones kármicas derivadas de nuestras acciones del pasado, originan los diversos problemas de salud físicos y emocionales que enfrentamos cada uno de nosotros.

Se puede considerar a la meditación como la mejor medicina complementaria debido a la amplitud de su impacto en el ser humano. No solo existen beneficios espirituales, sino también psicológicos y físicos. Estos beneficios diversos y positivos los presenta de forma elocuente el Dr. Roger Walsh, autor de *Essential Spirituality*: "El principal objetivo de las prácticas espirituales es despertar, es decir, conocer nuestro verdadero Ser y nuestra relación con lo sagrado. También ofrecen otros diversos regalos a lo largo del camino... el corazón comienza a abrirse, el miedo y la ira se desvanecen, la codicia y la envidia disminuyen, la felicidad y la alegría crecen, florece el amor, la paz reemplaza a la agitación, surge la preocupación por los demás, la sabiduría madura y mejoran tanto la salud psicológica como la física...".

Otra razón para considerar a la meditación como la mejor medicina complementaria, tiene que ver con el estilo de vida en el que se incorpora la experiencia meditativa. Así como las acciones de un deportista deben ser coherentes con los objetivos deportivos de la persona, del mismo modo el estilo de vida del meditador debe hacer eco con sus metas espirituales. Los atletas no solo pasan unas horas al día en los entrenamientos. También deben preocuparse por su alimentación, sus interacciones con los demás y sus prioridades. Del mismo modo, la meditación no tiene por qué ser una actividad aislada, que solo se hace durante un periodo de tiempo determinado cada día. Cuando se combina con una vida ética, la meditación se puede ampliar a un compromiso de estilo de vida 24 horas al día, 7 días a la semana. Muchos optan por acoplar la meditación con una vida ética visible, que incluye las virtudes amorosas de la humildad, la no violencia, la veracidad, la pureza de corazón y el servicio desinteresado. Lejos de limitar nuestra vida, se ha dicho que estas virtudes se pueden considerar como salvavidas que evitan que nos ahoguemos en el océano tempestuoso de la vida mundana. Como tal, el meditador puede optar por un estilo de vida que es física y psicológicamente saludable en todos los aspectos.

El Programa de 12 pasos

Aunque nuestra intención aquí no es tener un debate a fondo de la adicción, el Programa de 12 pasos representa una potente intervención terapéutica que demuestra la relación entre la espiritualidad y la salud. El alcoholismo es un problema molesto que ha plagado a la humanidad desde hace siglos. Cada vez es más evidente en los últimos años, que bien puede haber una base biológica para el alcoholismo y otras adicciones a drogas. Los circuitos cerebrales de la adicción consisten en la llamada "ruta de la recompensa" o "senda del placer". Parece que la mayoría de sustratos químicos adictivos, activan directa o indirectamente esta vía para generar una experiencia exagerada subjetiva de placer o recompensa, a un costo enorme para el individuo a largo plazo.

El Programa de 12 pasos es una intervención espiritual, considerado como el programa de autoayuda más eficaz frente a la adicción. Los principales aspectos espirituales del programa incluyen el reconocimiento de la necesidad de un Poder superior (como lo defina la persona), la humildad, la expiación de las faltas, la incorporación de la oración y la meditación en el estilo de vida, y como resultado natural del desarrollo espiritual, el servicio a otros que luchan con la misma enfermedad. El remedio apropiado no es solo una desintoxicación, sino la transformación de un individuo basada en la acción espiritual. Aunque la adicción es una enfermedad con base biológica, como la diabetes, se la puede enfrentar con una solución espiritual. Al igual que la diabetes, se puede manejar la enfermedad en forma diaria desde una perspectiva espiritual. De hecho, se podría argumentar que muchos de nuestros problemas de salud tienen una respuesta espiritual.

Mientras que estamos familiarizados con las terapias psicosomáticas, la adicción requiere de algo aun más profundo, que lo podríamos llamar "intervenciones teosomáticas" (Levin, 2002). Se sugiere que el poder del alma, reemplaza a la efectividad de la red cerebral de neuronas que son un factor biológico en la adicción. El poder del alma se puede invocar mejor por medio de la meditación (Singh, Rajinder, 2007b).

La meditación y la reducción del estrés

Durante los últimos 30 años, el trabajo de Jon Kabat-Zinn y Saki Santorelli, ha presentado la meditación a muchos estadounidenses, incluyendo a la organización médica (por ejemplo, Kabat-Zinn, 2005; Santorelli, 2000). Ellos han promovido el uso diario de la meditación, con especial atención en la respiración, y con igual importancia, una manera de vivir "en el momento". Su planteamiento se llama "atención plena".

Atención plena, estar presente, vivir el momento, como sea que se le llame, es un componente de toda práctica contemplativa de nuestras tradiciones de sabiduría. De hecho, no es posible centrarse en lo sagrado que está en el interior, si no estamos enfocados en el presente (es decir, si estamos en el pasado o en el futuro). La introspección de las actividades de la mente en nuestra práctica contemplativa, indicará rápidamente al practicante los problemas y melodramas que lo están sacando del presente. Armado con este conocimiento, la persona puede ajustar su estilo de vida para reducir la distracción al mínimo o eliminarla. Aunque la meditación es un período de tiempo en el que nos dedicamos pura y exclusivamente a enfocarnos en el interior, también es importante mantener nuestra atención en el presente en nuestra vida cotidiana.

Se dice que el papel principal de la mente es mantenernos fuera del momento presente, el "ahora", llevándonos hacia el pasado o el futuro. Estos conceptos de tiempo son creaciones de la mente. Al quedarnos mentalmente en el pasado o en el futuro se generan y refuerzan los componentes fundamentales del estrés: nuestras preocupaciones, ansiedades, miedos, culpas, remordimientos e incertidumbres. El estrés parece estar asociado con todos los problemas de salud, ya sea por causarlos o por empeorarlos. El estrés puede ser muy dañino por causar la liberación crónica de las "hormonas del estrés", que tienen consecuencias perjudiciales para nuestro sistema cardiovascular. Esto es una consecuencia desafortunada de la conexión "mente-cuerpo".

De hecho, se sostiene que el estrés es auto infligido. Al considerar si el estrés es una "causa" o un "efecto", debe ponerse de manifiesto que este es el resultado de nuestra reacción psicológica a los acontecimientos del mundo exterior. Estos eventos, que se pueden llamar retos u oportunidades, en realidad son experiencias neutras. Es decir, somos nosotros los que determinamos, por nuestras reacciones internas, si un evento es estresante. Se ha sugerido que "no reaccionemos" a los incidentes de la vida, al menos con una reacción exabrupta. "No reaccione" es un aforismo sencillo pero poderoso para ayudarnos a controlar nuestro estrés, beneficiando así nuestra salud. La meditación puede ayudarnos a separar el mecanismo de respuesta automática al estímulo, haciendo que seamos más conscientes de nuestras reacciones a los retos de la vida.

3) Enfoque científico de la meditación

Cada vez más, la meditación está cayendo bajo la lupa de la investigación científica. De hecho, la frase "Ciencia de la Meditación" se puede encontrar en las portadas de dos revistas populares, *Time* (4 de agosto de 2003) y *Scientific American Mind* (febrero/marzo de 2006). ¿Qué implica la "Ciencia de la Meditación"? Que los asuntos espirituales, al igual que los médicos u otros temas científicos, se pueden investigar con técnicas rigurosas y sistemáticas utilizando el método científico de larga tradición. Si una persona utiliza el método científico para investigar el mundo objetivo exterior o las regiones internas subjetivas, la técnica es igualmente válida y valiosa.

El uso del método científico como una guía para la exploración espiritual ha sido desarrollado y promovido por los grandes científicos espirituales de los tiempos modernos. Se plantean las preguntas espirituales básicas que han cruzado la mente de muchos, acerca de nuestra vida y del destino, incluyendo: ¿Quiénes somos? ¿Por qué estamos aquí? ¿A dónde vamos cuando salimos de aquí? Y, ¿cuál es nuestra relación con el Creador? Durante mucho tiempo, los exploradores espirituales han considerado que estas preguntas se pueden responder mediante la indagación espiritual personal; a diferencia de las preguntas de la investigación objetiva, nos piden llevar a cabo experimentos dentro de nosotros mismos.

Los siguientes pasos son necesarios para un enfoque científico de la meditación, en el contexto del paradigma experimental. Tal paradigma, al explorar nuestra naturaleza espiritual, puede considerarse de la siguiente manera.

1) Entrar a un nuevo campo de estudio científico requiere la orientación de un investigador experimentado. Al igual que una facultad de postgrado o de medicina, donde los estudiantes deben tener un mentor de investigación, la espiritualidad también ofrece dicha relación. Un esfuerzo de investigación incipiente requiere de un guía experimentado. Para nuestra investigación espiritual, es positiva la guía de un mentor apropiado, que haya dominado el viaje espiritual. Las personas tienen mentores a lo largo de su vida, buscando ayuda para aprender a hablar, para navegar en la adolescencia, para conducir un coche o para prepararse para una profesión. La espiritualidad, el mayor y más difícil de los esfuerzos humanos, también ofrece la ayuda de un mentor.

2) La investigación científica comienza con preguntas. Posteriormente, las preguntas se cristalizan en una hipótesis comprobable (Las preguntas sin respuestas, que no son comprobables, caen fuera de la esfera de la exploración científica). Nuestra investigación espiritual no se aborda de cualquier manera, sino es impulsada por nuestras preguntas iniciales. Por ejemplo, podemos tener la hipótesis planteando que una persona puede tener una experiencia de luz divina o vistas interiores. El asesor espiritual es quien nos ayuda a definir nuestro proyecto de investigación espiritual.

3) El mentor nos enseña las técnicas para la recolección de datos, que nos permitirán aceptar o rechazar nuestra hipótesis. El mentor nos orienta en al menos cinco dominios:

i. Enseña a sus pupilos las técnicas adecuadas para responder a sus preguntas y alcanzar sus objetivos.

ii. Proporciona los mejores atajos para lograr el progreso con nuestra técnica científica.

iii. Nos da sugerencias auxiliares, tales como enfocarnos en la espiritualidad por medio de la lectura de libros, escuchar audios o ver vídeos sobre temas espirituales, asistir a reuniones espirituales o *satsangs*, o llenar el formato del diario, que mejorarán la eficacia de nuestro enfoque científico.

iv. Advierte al aspirante sobre peligros potenciales a lo largo del viaje.

v. Nos ayuda a verificar nuestros progresos.

4) Para llevar a cabo un experimento de una manera científica adecuada, se requiere de un laboratorio. En el caso de la investigación espiritual, el cuerpo humano es nuestro laboratorio (Singh, Rajinder, 2005). Los laboratorios de los centros de investigación modernos suelen estar cerrados con llave. De manera similar, el laboratorio humano, tiene un pasaje restringido que solo puede abrir el experto espiritual. Esta apertura se realiza en el momento de la iniciación en la meditación en la luz y el sonido internos.

5) Para recopilar los datos, con el fin de aceptar o rechazar nuestra hipótesis espiritual, debemos utilizar los delicados instrumentos del laboratorio espiritual. En un centro de investigación médica sofisticada, un estudiante novato no entra al laboratorio e inmediatamente utiliza el equipo. Del mismo modo, un aspirante espiritual neófito puede recibir la guía del maestro espiritual, que enseña al aspirante a utilizar correctamente los instrumentos del laboratorio, el ojo y el oído internos. Además, el mentor traza un estilo de vida ético externo que reforzará y promoverá la exploración interior.

Ningún progreso científico se realiza sin mucho trabajo duro, paciencia y perseverancia, que ayuden a perfeccionar el experimento. Del mismo modo, estos atributos son importantes para nuestro progreso espiritual. Cuando llevamos a cabo un experimento científico, tenemos que estar completamente concentrados en la tarea que nos ocupa, para realizarlo con precisión. De la misma forma, nuestro mentor nos anima a enfocarnos en la experiencia espiritual con precisión, constancia y dedicación.

6) A partir de un experimento en un instituto médico, las observaciones y los datos se reúnen en un ordenador o en un diario. De manera similar, después de nuestro experimento espiritual, se graban los resultados. Los resultados de nuestros esfuerzos se registran en un formato diario de introspección, para observar el progreso. Este formato fue ideado por Sant Kirpal Singh Ji Maharaj y es recomendado por Sant Rajinder Singh Ji Maharaj, para ayudarnos en nuestra exploración científica de los reinos espirituales. Podemos realizar un seguimiento de las tendencias de nuestros pensamientos, palabras y acciones, para ayudarnos a ser más conscientes de los obstáculos para una experiencia espiritual exitosa.

7) En el mejor de los casos de la investigación médica, los experimentos se repiten todos los días hasta que las técnicas se perfeccionan. El proceso de la ciencia es reiterativo. En el experimento espiritual también debe haber repetición, uno medita todos los días.

8) Por lo general, en un laboratorio de investigación médica, el mentor revisa periódicamente el progreso de los estudiantes. El perfeccionamiento de las técnicas espirituales, con la ayuda de un mentor espiritual es un paso necesario en nuestro desarrollo espiritual. Esta retroalimentación puede venir durante una interacción personal con el mentor o por escrito, en cualquier caso, el consejo puede acelerar nuestro progreso.

9) El paso final del proceso científico es comunicar nuestros resultados. En el mundo de la medicina, esto se puede hacer

con una presentación en una conferencia científica o mediante su publicación en una revista científica respetable. En el ámbito espiritual, el resultado de nuestros experimentos será un individuo con un alma emancipada y animada, alguien que presenta un enfoque de la vida mostrando felicidad, conectividad, valentía, inmortalidad, sabiduría y amor incondicional (Singh, Rajinder, 2007b).

Un modelo científico de la meditación dará al aspirante un enfoque riguroso y reproducible para la práctica de la meditación. Los pasos a seguir en la meditación le permitirán al incipiente científico espiritual disfrutar de los beneficios y prosperidad física y psicológica, que se extienden más allá de nuestra condición física.

4) Experiencias más allá del cuerpo y cerebro físico Cubiertos por nuestros "trajes espaciales"

La siguiente es una sencilla e incompleta analogía que pretende resaltar y acentuar las diversas capas de un ser humano. Nuestra historia comienza con una persona que sale de su casa, donde vive libre y sin ataduras, para viajar a un planeta lejano. Las condiciones en este planeta son tales que la persona necesita un traje espacial para existir, interactuar y sobrevivir en el nuevo entorno. Después de algún tiempo, el viajero abandona el primer planeta y va a otro destino, que requiere un nuevo traje espacial adicional para el nuevo lugar, que lo cubre y se mezcla con el traje original. Una vez más, en un momento posterior, el individuo parte hacia un tercer planeta, que exige el uso de un tercer traje espacial. Ahora el explorador está cubierto por tres trajes espaciales coexistentes, todos necesarios para existir en este dominio final. Después de algún tiempo, el traje espacial exterior se desgasta y el astronauta está obligado a regresar a la segunda región (con dos trajes espaciales). Y así transcurre la historia.

Un ser humano es más, mucho más que la estructura física. De acuerdo con los maestros espirituales, santos y sabios, todos somos como el viajero de la historia. En algún momento en el pasado distante, nuestra alma dejó su verdadero hogar, la región del espíritu y conciencia puros, para ir al primer destino. En este reino supracausal, era necesaria una cubierta delgada. En la siguiente región, el reino causal, se requiere un traje espacial adecuado, el cuerpo causal. Posteriormente, el alma se dirigió hacia el siguiente destino, el reino astral y es obligatorio otro traje espacial apropiado, el cuerpo astral, de modo que pueda operar en este nuevo entorno. En este punto, el alma está rodeada por tres trajes espaciales, revestimientos o cuerpos (supracausal, causal y astral). Para el destino final, el reino físico lejos de la base, es necesario otro traje espacial, el cuerpo físico. Al igual que antes, en este punto el viajero está cubierto por cuatro trajes espaciales funcionales e interactivos, que lo constituyen nuestro velo supracausal, nuestro cuerpo causal, el cuerpo astral y el cuerpo físico. Cuando el traje externo ya no funciona y debe descartarse (es decir, en el momento de la muerte), el viajero regresa al reino astral rodeado por el velo supracausal y los cuerpos causal y astral, pero ya no tiene los sentidos físicos. El viaje interior continúa desde allí.

Con las técnicas expuestas por los Maestros de *Sant Mat*, durante la meditación, la atención (*surat*) se desplaza de un cuerpo al siguiente, es decir, del cuerpo físico al cuerpo astral. Normalmente, como estamos incorporados en la estructura física, nuestra atención se dispersa por todo el cuerpo y el mundo físico, según lo dictado por la mente y su cohorte de los sentidos. En el proceso de la meditación, los sentidos se desactivan al aislarnos del mundo exterior. Con la ayuda de un maestro competente, centrando la atención en el tercer ojo, como se ha descrito anteriormente, podemos comenzar a retirarnos del mundo físico y experimentamos las luces y los sonidos de los reinos del más allá.

Una analogía adecuada dada por Sant Rajinder Singh Ji es considerar a nuestro cerebro como un decodificador para nuestra televisión. Como tal, nuestro cerebro es receptivo a muchos "canales" diferentes. Podemos configurarlo para ver el canal del mundo físico, el canal del cuerpo, el canal de las emociones o el canal de la mente. La mayoría de nosotros pasamos la vida viendo uno de estos cuatro canales, con la mente probablemente ocupando la mayor parte de nuestra atención. Con suerte, algunos de nosotros podemos explorar otro canal disponible para todos en nuestro decodificador, el "canal de Dios" (Singh, Rajinder, 2005). Podemos empezar a sintonizar este canal al enfocar nuestra atención en el tercer ojo (o sexto *chakra*) entre y detrás de las cejas. Este canal es tan sutil y tenue, al menos al principio, que requiere afinación especial de nuestra atención por medio de un estilo de vida ético y la meditación. Enfocados en el tercer ojo con amorosa atención, podemos empezar a experimentar reinos internos.

Mecanismos "Trans-cerebrales" de las experiencias religiosas/espirituales

Para algunos, el resumen en las secciones anteriores de este capítulo sería suficiente para explicar el papel del sistema nervioso central en las experiencias místicas, ya que "la experiencia religiosa está basada en el cerebro" (Saver y Rabin, 1997). Pero para otros, hay experiencias que no se pueden explicar completamente por los circuitos y mecanismos del cerebro. Uno de estos casos es una experiencia cercana a la muerte, en el que una persona es transportada a otro reino después de un encuentro cercano con la muerte (Moody, Raymond, 1976; Singh, Rajinder, 2007a). En este ámbito más allá de nuestro reino físico, experimentan luces brillantes, sonidos y panoramas. Por alguna razón, estos individuos que tuvieron una experiencia cercana a la muerte regresan al reino físico para completar sus responsabilidades y contar sus historias sobre sus experiencias internas. Si bien estos hechos aparentemente están fuera del ámbito ordinario, para los santos y los místicos son normales.

El mayor objetivo de un ser humano es estar plenamente integrado con su cuerpo, emociones, mente y alma. Mucho de lo que siente se basa en el mundo físico y, como tal, requiere el uso del cerebro y de los sentidos. Sin embargo, quienes entran en contacto con el interior por medio de la meditación tienen la capacidad de trascender el mundo físico y sentir los reinos internos. A quienes han combinado en la meditación la atención enfocada con el anhelo intenso, los mecanismos trans-cerebrales (o lo que el cerebro es capaz de hacer) los transportan a regiones internas de luz y amor para iniciar el viaje a los reinos puramente espirituales. Impulsados por un "amor que comienza en la carne y termina en el espíritu" (Singh, Darshan, 1978) y por los esfuerzos inquebrantables del Maestro espiritual, la atención de nuestra alma es desarraigada del mundo físico ilusorio y, mediante mecanismos que se extienden mucho más allá de los circuitos neurales del cerebro, llega a lo más íntimo de la creación de Dios.

Louis A. Ritz, PhD es profesor del Departamento de Neurociencia de la Facultad de Medicina de la Universidad de la Florida. Sus intereses de investigación han buscado nuevas técnicas destinadas a paliar las consecuencias devastadoras de la lesión de la médula espinal. En los últimos años, el Dr. Ritz se ha centrado en la educación médica y de postgrado. Él es el director del curso de Neurociencia Medica, recibido por los estudiantes de primer año de medicina. Fue seleccionado, en base a un Portafolio de Educación, como miembro de la Facultad de Medicina de la "Sociedad de eruditos de enseñanza" en el año 2006. En la Universidad de Florida, también es director del Centro para la Espiritualidad y la Salud, que ofrece talleres, programas académicos y de iniciativas de investigación interdisciplinaria que exploran el impacto de la espiritualidad en la salud.

CAPÍTULO 13

REDUCIR LAS ENFERMEDADES RELACIONADAS CON EL ESTRÉS PARA LOGRAR UN ÓPTIMO APRENDIZAJE

Por Ricki Linksman, MEd

Cuando la investigación médica señala la conexión entre el estrés y las enfermedades que afectan al cuerpo y la mente, también ofrece soluciones para reducir el estrés. Aunque quizás no es posible eliminar todas las dificultades de la vida, hay algunos factores de estrés que se pueden reducir e incluso prevenir. Una de las causas del estrés y las enfermedades que afectan a las personas relacionadas con él, proviene de la tarea de aprender, ya sea en el colegio o en el trabajo. Los estudiantes de todas las edades están bajo presión constante. Hay tensión en los estudios de postgrado, en la formación profesional, o en la capacitación para un trabajo o una carrera. Esas experiencias no se limitan a los adultos jóvenes que comienzan en el mundo. La economía en constante transformación provoca a menudo el cambio o la pérdida de puestos de trabajo, con el resultado que los adultos de todas las edades, incluso en sus últimos años, se enfrentan a tener que aprender una nueva carrera. Los atletas, artistas, músicos y animadores también experimentan estrés en el dominio o con la competencia en su campo. Sin importar la edad o el tema de estudio, ¿es posible prevenir el estrés y las enfermedades del cuerpo y la mente que lo acompañan?

En primer lugar, vamos a examinar las causas de estrés en los estudiantes. En segundo lugar, veremos los métodos para reducir y prevenir el estrés y las dolencias relacionadas con él en los estudiantes, para ayudarles a alcanzar el máximo rendimiento.

Causas de estrés en estudiantes de todas las edades

Ya sea que debamos dominar los estudios académicos o de formación profesional, aprender un nuevo trabajo o carrera, presentar exámenes, o competir en los deportes o en otros ámbitos, el estrés cobra su peaje. El aprendizaje en sí mismo no es estresante, ya que el cerebro está sujeto a hacerlo desde el nacimiento. Observe a los bebés y a los niños pequeños, cuyos cerebros están aprendiendo una enorme cantidad de información, conocimientos y habilidades: son felices, alegres y juguetones. Para ellos el aprendizaje es una parte natural de su desarrollo y se sumergen en una enorme cantidad de conocimientos. Por ejemplo, aprenden a hablar un lenguaje completo, a caminar y a desarrollar todas las conductas y habilidades que aprenden de su entorno y cultura.

Su curiosidad innata y el deseo de explorar y aprender parecen más diversión y juego. Entonces, si el aprendizaje es natural, agradable y divertido para los niños pequeños, ¿cómo aparece el estrés en el aprendizaje? El estrés surge de una serie de condiciones y situaciones en las que el aprendizaje tiene lugar: la competencia, cumplir y mantener altos estándares medidos en pruebas o evaluaciones de desempeño, mantener el paso con el ritmo acelerado en el que se enseña la información, no tener las herramientas adecuadas, la información o la ayuda para tener éxito en un tema o tarea, sobrecarga de trabajo, y el cambio rápido de la información, la metodología y la tecnología. La competencia por ubicarse en mejores colegios y universidades puede dar lugar a ansiedad, pánico y temor. Cumplir con los estándares académicos para avanzar al siguiente grado o soportar quedarse en el mismo grado por un año más, causa estrés. Estudiantes talentosos y con honores que deben mantener su alto promedio de calificaciones o mantener su reputación de alto rendimiento son sometidos a una tremenda presión. A los estudiantes que no pueden seguir el ritmo a menudo se les califica y señala de tener una discapacidad de aprendizaje, trastorno de déficit de atención, trastorno de déficit de atención con hiperactividad, dislexia o problemas de aprendizaje, y a menudo se les ubica en programas especiales, aumentando su estrés y haciéndoles sentir que les pasa algo malo. Esto puede hacer que desarrollen una baja autoestima y falta de motivación, cuando no se les enseñan estrategias para ayudarlos a aprender o mejorar.

Los estudiantes que son atletas a menudo deben practicar dos o tres horas al día después del colegio, mientras tratan de mantenerse al día con sus tareas y notas para que no los saquen de su equipo. Se les inculca concentrarse en los logros deportivos en los colegios y universidades para mantener sus posiciones, a menudo deben practicar diariamente, mientras tratan de hallar tiempo para terminar sus tareas o informes, dedicarse a la preparación de exámenes y conseguir buenas notas. Tal presión puede dar lugar a enfermedades relacionadas con el estrés.

Con la nueva explosión de tecnología e información en el panorama cotidiano, incluso quienes tienen trabajo deben mantenerse al día aprendiendo de esta nueva información, o con el uso de nuevos dispositivos tecnológicos o de software.

Quienes compiten por posiciones en el lugar de trabajo tienen el estrés de aprender nuevas destrezas, actualizar sus hojas de vida, poder hablar con propiedad acerca de esta nueva información y estar a la espera de conocer los resultados, a menudo enfrentando rechazos repetidos. En una economía contraída, con millones sin trabajo, el estrés ha alcanzado proporciones epidémicas.

Esta variedad de factores de estrés pueden manifestarse en forma de síntomas físicos o mentales. En algunos, se manifiesta como un dolor de estómago el lunes por la mañana, al volver al colegio o al trabajo después de un fin de semana divertido. La ansiedad puede ser consecuencia de tener que rendir a un nivel competente, incluso si uno no entiende bien el tema que está estudiando en el colegio o ya no capta en la medida que se espera en el trabajo, debido a las tecnologías o información nuevas. Tomemos el ejemplo de los estudiantes de medicina que estudiaron una cantidad de información durante muchos años, tan solo para enfrentarse a los nuevos avances en el diagnóstico, tratamiento y medicación que de repente tienen que aprender y dominar cuando llegan a su último año en la facultad de medicina, y deben aprobar sus exámenes finales. No pueden dormirse en los conocimientos que dominaban previamente, sino que deben complementarlos para mantenerse al día con la nueva información, añadiendo presión a la preparación de sus exámenes.

El estrés afecta a los estudiantes en la universidad, en los estudios de postgrado o en las facultades de medicina u odontología. Un estudio de la Universidad de California en Berkeley reveló que el 67 % de los estudiantes de postgrado se "sintieron desesperados por lo menos una vez en el último año", mientras que el 54 % se sintieron "tan deprimidos que tuvieron dificultades en su desempeño". El estudio en las universidades, patrocinado por la Asociación Estadounidense de Profesionales de Salud, plantea interrogantes sobre la salud mental de las personas que enfrentan los rigores de los estudios de postgrado.[1]

Aparte de los trastornos digestivos causados por el estrés, los estudiantes sienten tensión y jaquecas, palpitaciones, aumento de la presión arterial, tensión muscular o disminución del sistema inmunológico, haciendo que las personas se vuelvan susceptibles a una serie de enfermedades. Un estudio de la Facultad de Medicina de la Universidad Johns Hopkins reporta que el estrés en el colegio aumenta los niveles de colesterol. Según el estudio: "Los hallazgos son consistentes con la hipótesis que plantea que el estrés, así como se presenta en las primeras semanas en la facultad de medicina o en los exámenes finales importantes, también va acompañado de un aumento significativo del nivel de colesterol".[2]

Además de las manifestaciones físicas del estrés, hay síntomas emocionales y psicológicos. En algunos el estrés se manifiesta en depresión, ansiedad, fobias, miedo o ataques de pánico. De acuerdo con un estudio reciente de estudiantes de primer año de Universidad de California en Los Ángeles, en un artículo publicado por el Sistema Nacional de Salud, los estudiantes universitarios "se sienten más agobiados y estresados que hace quince años, más del 30 % de todos los estudiantes de primer año de universidad dijeron sentirse abrumados una gran parte del tiempo".[3]

Otra consecuencia del estrés es la depresión, que afecta anualmente a más de 19 millones de adultos en los Estados Unidos. Los trastornos de ansiedad afectan a millones de adultos cada año. En todo el país, grandes porcentajes de estudiantes universitarios se sienten tan agobiados, tristes, desesperados y deprimidos que no pueden desempeñar su función. En una reciente encuesta nacional universitaria acerca de la salud, el 10 % de los estudiantes universitarios habían sido diagnosticados con depresión. Los niveles de ansiedad han ido en aumento desde la década de 1950 en los estudiantes. En el año 2000, el 7 % de los estudiantes universitarios reportaron haber tenido trastornos de ansiedad en el año anterior. Los trastornos alimenticios afectan entre 5 a 10 millones de mujeres y a 1 millón de hombres, con las tasas más altas en mujeres en edad universitaria. De acuerdo con el Centro para el Control y Prevención de Enfermedades de los Estados Unidos, el 7,8 % de hombres y 12,3 % de las mujeres entre los 18 y 24 años reportaron estrés mental frecuente, un indicador clave para la depresión y otros trastornos mentales.[4] Como una de las soluciones, el Centro de Salud de la Universidad de Indiana sugiere: "Dedique tiempo cada día al menos a una técnica de relajación, imágenes, soñar despierto, la oración, el yoga o la meditación".[5]

Estos síntomas de estrés emocional y psicológico afectan a los estudiantes de todas las edades, culturas, grupos étnicos, grupos socioeconómicos y culturas. El estrés afecta a los estudiantes de todo el mundo. Según un estudio titulado, "La depresión en los adolescentes de la zona de Taipéi", el

84,2 % de los adolescentes encuestados han sentido depresión, el 15,3 % declaró que se sienten deprimidos casi todos los días y el 33,6 % dijo que la depresión les sucede una vez a la semana.[6] En cuanto a las fuentes de estrés, el 56,7 % de ellos considera que su depresión proviene del estrés escolar, el 50,9 % cree que la depresión es causada por las relaciones interpersonales y el 45,6 % atribuye su depresión a las pruebas académicas. De las estadísticas anteriores, se puede inferir que el colegio es una fuente de estrés para los adolescentes.[7]

¿Hay alguna esperanza para reducir y prevenir el estrés en los estudiantes de todas las edades y para disminuir su riesgo de contraer enfermedades relacionadas con el estrés, que afectan su salud física y mental?

Prevenir el estrés en los estudiantes

A lo largo de mis cuarenta años de carrera profesional como educadora y fundadora-directora de un instituto de aprendizaje y de lectura acelerados, he sido testigo de la presión a la que se someten las personas en el aprendizaje de cualquier tema o campo. Mi objetivo como docente ha sido mejorar y acelerar el desempeño del estudiante, para que las personas de todas las edades aprendan cualquier tema de forma rápida, elevando su autoestima y motivación, al mismo tiempo que se reduce y previene el estrés, para que puedan disfrutar del aprendizaje y tener éxito. A través de años de estudio y estando al día con las últimas investigaciones sobre el cerebro, mi enfoque ha sido el de aplicar esos hallazgos a la esfera de la educación y el aprendizaje. Utilizando técnicas basadas en el cerebro, he desarrollado y probado métodos de aprendizaje acelerado que han demostrado ser consistentes llevando a los alumnos que estaban fracasando, luchando, faltos de motivación o ansioso por aprender, a conseguir mejoras espectaculares en el rendimiento y confianza por medio de la reducción y prevención del estrés. Estas técnicas han reducido la tensión y han acelerado el aprendizaje en personas de todas las edades. Es habitual ver resultados en los que los estudiantes de todas las edades, suben un promedio de varios grados escolares por encima de su edad o de su nivel de desempeño actual, en un periodo de dos a ocho meses. Además de ir del fracaso al éxito, también desarrollan una creencia renovada en sus habilidades, una actitud positiva, motivación, autoestima elevada y se reduce el miedo y el estrés que antes dominaba sus vidas. El método combina el uso del poder oculto de su cerebro para acelerar su progreso, al mismo tiempo que reduce y previene el estrés mediante la meditación, técnicas de relajación y visualización.

El sistema que uso ha ayudado a mejorar de manera espectacular el rendimiento de los alumnos y consta de dos partes: a) la aplicación de la innovadora investigación sobre la plasticidad del cerebro y cómo funciona el cerebro para acelerar el aprendizaje, y b) el uso de técnicas de meditación para reducir y prevenir el estrés que impide que los alumnos tengan un desempeño óptimo. Esta poderosa combinación del uso de métodos basados en el cerebro para maximizar el aprendizaje y el poder de la meditación para ayudar a obtener el máximo rendimiento, permite a los estudiantes aprovechar un poder interior que puede producir resultados espectaculares.

Paso 1: Primero, por medio de un diagnóstico de cómo aprendemos mejor, uno puede encontrar la modalidad más rápida y fácil para captar información, comprender y recordar material. Una vez que sabemos cómo aprende, comprende y recuerda nuestro cerebro en su forma única, podemos adaptar el método por el cual se nos enseña, para que coincida con nuestro estilo más rápido y más eficaz de aprendizaje.

Las personas aprenden, recuerdan y comprenden de diferentes maneras. Algunos prefieren aprender a través del estilo de aprendizaje visual, otros prefieren la modalidad auditiva. Algunos lo hacen por medio de la modalidad táctil, mientras que otros prefieren el estilo de aprendizaje cinestésico. Aunque la mayoría de las personas pueden aprender a través de cualquier modalidad, algunas tienen una preferencia para recibir información de una forma sobre la otra. Cuando la instrucción se da en su método preferido, el aprendizaje es más fácil, rápido y automático. Cuando se da en la forma no preferida, el aprendizaje puede ser más difícil, lento y estresante. Imaginen la diferencia entre escribir con su mano dominante en comparación con la otra. ¿Qué tal que tuviéramos que tomar una prueba cronometrada con nuestro mano no dominante y las calificaciones, los resultados de los exámenes o la inserción laboral dependiera de nuestro desempeño? ¿Cuán estresante sería? Podemos hacerlo de ambas maneras, pero piensen que es más fácil, rápido, automático y efectivo, si lo hacemos con la mano dominante, especialmente en una situación de alto riesgo.

Es más, algunas personas prefieren utilizar la parte del cerebro que favorece el aprendizaje secuencial y les va mejor cuando se les enseña de manera paulatina, mientras que otros prefieren utilizar la parte del cerebro que piensa de manera más global y les va mejor cuando se les presenta inicialmente todo el panorama o la idea principal. Del mismo modo, si preferimos recibir la información cuando se da en palabras, ya sea de forma oral o por escrito, ese enfoque podría ayudarnos a aprender con mayor rapidez y facilidad. Como alternativa, si preferimos recibir la información en imágenes, gráficos o presentaciones de la vida real, entonces ese enfoque nos ayudaría aprender mejor y de manera más eficaz. Algunas personas aprenden por medio de una combinación de enfoques.

La clave está en que cada persona aprende de manera diferente. Cuando la instrucción se aplica mediante un método que coincide con nuestra preferencia de aprendizaje, el estrés se reduce y podemos aprender cualquier cosa rápido, mejor y más fácilmente. Imaginen lo estresante que sería tener que hacer una prueba en un tiempo límite, con letra legible con nuestra mano no dominante, a diferencia de la facilidad de escribir con la dominante. Al encontrar nuestra manera más rápida de aprender, podemos asimilar una enorme cantidad de material más rápido, comprenderlo mejor y recordarlo para su aplicación o incluso al presentar exámenes.[8]

Paso 2: La meditación, la relajación y la visualización reducen y previenen el estrés que nos impide tener un rendimiento óptimo. La investigación del cerebro ha esquematizado diferentes partes de este que realizan distintas funciones. El lóbulo frontal con la corteza cerebral se utiliza para el nivel de aprendizaje más elevado, la planificación y la ejecución de tareas. Otras partes del cerebro tienen relación con las emociones, el miedo y las reacciones de pelear o huir. Piensen en la diferencia de desempeño cuando las personas presentan pruebas o llevan a cabo tareas, cuando se centran en la parte del cerebro que se utiliza para el procesamiento cognitivo y cuando lo hacen en la zona donde se experimenta miedo. Tenemos mejor acceso a la información cognitiva al procesar en nuestra corteza cerebral y menos acceso a esa información cuando estamos en la parte del cerebro en la que están de por medio el miedo, el pánico y el estado de pelear o huir. Quizás lo hayamos vivido o conocido estudiantes destacados que "no podían presentar un examen". Pueden ser inteligentes, capaces y tener todo el conocimiento en su cabeza, pero fracasan en la prueba. Este fenómeno se relaciona a menudo con los alumnos que están tan temerosos de tomar la prueba, que su atención durante el examen se traslada de su corteza cerebral donde se almacena la información, hacia la parte del cerebro donde se siente el miedo, el pánico y la ansiedad. Su parte del pensamiento cognitivo del cerebro parece "apagada".

La meditación puede ser una herramienta muy valiosa para ayudar a la gente a relajarse durante una prueba o evaluación de desempeño en el trabajo, para que puedan acceder al lugar donde se almacena la información. He visto a estudiantes de todas las edades, que estudian todo lo necesario para prepararse para un examen y que también se relajan meditando durante unos minutos todos los días, comenzando varias semanas antes de un examen o una evaluación de desempeño, superando su miedo a la prueba.

Por supuesto, la meditación por sí sola, sin estudio no puede producir una mejora en los resultados académicos, sino que requiere una combinación de ambas cosas, el dominio de la información por medio de la instrucción dada en nuestra mejor forma de aprender y luego meditar para estar relajados con el aprendizaje y tener acceso a ese conocimiento, al presentar exámenes o evaluaciones de desempeño. La meditación es un complemento para ayudar a los alumnos alcanzar los resultados que se merecen, acordes con su esfuerzo en aprender y estudiar. Estos métodos han ayudado de manera consistente a los estudiantes con un historial de fracaso o bajo rendimiento, estrés y ansiedad, para que alcancen posiciones académicas increíbles, en sus carreras, en los deportes y en muchos otros campos. Esta técnica ha ayudado a producir estudiantes sobresalientes, con honores, los mejores de sus clases, atletas ganadores y triunfadores en el lugar de trabajo, mediante la combinación de técnicas basadas en el aprendizaje acelerado del cerebro y la meditación para reducir y prevenir el estrés.

En un discurso en el Ministerio de Educación de Bogotá, Colombia, Sant Rajinder Singh Ji Maharaj, a quien se le otorgó la Medalla al Mérito Cultural por su trabajo en la Educación y la Paz, dijo: "Hay beneficios de la meditación que nos ayudan en la vida. Al meditar diariamente, nuestra concentración mejora. La meditación es otro nombre para la concentración. Durante la meditación, cerramos los ojos y miramos internamente. Lo que hacemos es concentrar nuestra atención para ver lo que está frente a nosotros. Si calmamos la mente por medio de la concentración, podemos utilizar esta técnica en la vida cotidiana. Entonces comprendemos más de lo que leemos. Terminamos el trabajo más rápidamente, porque hemos desarrollado las técnicas de enfocar nuestra atención. Los estudiantes se desempeñan mejor en sus estudios debido a una mejor concentración. Además de mejorar nuestras habilidades intelectuales por medio de la meditación, nos sentimos mejor a nivel físico. En la meditación estamos físicamente relajados. No llegamos a estar demasiado agitados y nuestra respuesta a los problemas está libre de tensión".[9]

Junto con la meditación, la visualización puede mejorar el desempeño. Un estudio realizado por Álvaro Pascual-Leone, profesor de Neurología de la Facultad de Medicina de Harvard, Director del Centro Berenson-Allen para la estimulación cerebral no invasiva y Director del Harvard-Thorndike Clinical Research Center del Beth Israel Deaconess Medical Center en Boston, apoya el poder de la visualización para acelerar el aprendizaje. Su investigación incluye la comprensión de los mecanismos que controlan la plasticidad del cerebro durante toda la vida, para que puedan ser modificados por un estudiante con el fin de lograr un resultado de comportamiento óptimo. Él combina diversas imágenes del cerebro y métodos de estimulación cerebral para mostrar una relación entre la activación regional del cerebro y el comportamiento. Este estudio incluyó a estudiantes aprendiendo a tocar el piano y reveló que los cambios físicos en el cerebro podrían llevarse a cabo solo por el pensamiento.

En un experimento, Álvaro Pascual-Leone enseñó a dos grupos de personas algunos aspectos básicos para tocar el piano. Un grupo practicó utilizando pianos reales, mientras que el otro practicó solo en sus mentes. Después de seis horas de práctica de piano durante tres días, los dos grupos tuvieron cambios similares en sus mapas cerebrales y mejoras parecidas en el desempeño real. Así se demostró haber desarrollado o ampliado el mismo grado de enlaces neuronales en el área relacionada con tocar el piano en los dos grupos, el grupo que realmente tocaba y el que visualizaba tocarlo. Esto prueba que tan solo al imaginar hacer una acción, se estimulan las mismas partes motoras y sensoriales del cerebro encargadas de hacerlo. Por consiguiente, podemos desarrollar nuestro cerebro con solo pensar e imaginarnos haciendo una tarea. Este es un ejemplo gráfico de cómo pensar o visualizar hacer una tarea, puede dar lugar al crecimiento de la misma neurona cerebral y sus enlaces, que al hacerlo realmente.[10]

Lo que es emocionante sobre este estudio es que confirma científicamente una técnica que usa imágenes cerebrales para mejorar la comprensión, el aprendizaje y la memoria, que tuvo éxito en miles de estudiantes de todas las edades, la cual he estado utilizando durante décadas, incluso antes que estas imágenes para mejorar el cerebro estuvieran más disponibles. Si visualizaban lo que leían, como si lo estuvieran realmente actuando en su mente o sintiendo la acción en su cerebro, un proceso que llamé "lectura de la realidad virtual", ellos podían comprender, aprender y recordar mejor. Mediante el uso de estas estrategias, los estudiantes que siempre se esforzaban y reprobaban han crecido rápidamente hasta tener éxito, llegando a menudo a ser los mejores de la clase o de sus departamentos en el trabajo. No solo comprendían lo que leían, sino que lo conservaban para obtener buenas notas en las pruebas académicas o en las evaluaciones de desempeño en el trabajo.

Junto con esto, para acceder a los datos que leían, tenían que permanecer fuera de la parte del cerebro en la que sentían miedo y entrar a la parte pensante de su cerebro. Esto se hizo mediante: 1) el desarrollo de sus habilidades además de la confianza porque sabían qué hacer, y 2) permitirles que hicieran meditación, relajación y ejercicios de visualización.

En otro estudio, publicado en la Academia Nacional de Ciencias de los Estados Unidos de América, dos grupos al azar de 45 estudiantes de pregrado de la Universidad de Oregón se dividieron para practicar dos técnicas diferentes de entrenamiento durante once horas, treinta minutos por sesión, en un periodo de un mes. Un grupo practicó una técnica de meditación, mientras que el otro hizo ejercicios de relajación. Los cerebros de ambos grupos fueron escaneados antes y después del entrenamiento para analizar la materia blanca del cerebro. Los resultados mostraron que no hubo cambios importantes en el grupo de relajación. Sin embargo, una serie de áreas mostró cambios significativamente mayores en los cerebros del grupo que practicó la técnica de la meditación.[11]

Este tipo de estudios sobre la plasticidad del cerebro y cómo podemos fortalecer las conexiones cerebrales por medio de la meditación abren la posibilidad de ayudar a las personas a aumentar el aprendizaje, así como a reducir los síntomas de diversos trastornos físicos y mentales que causan barreras para los estudiantes.

Otro ejemplo gráfico del poder de combinar el entrenamiento superior, la práctica y la meditación proviene del mundo de los deportes. En la década de 1990 el equipo de baloncesto del campeonato de la Asociación Nacional Estadounidense de Baloncesto (NBA, por sus siglas), los *Bulls* de Chicago, fue entrenado por Phil Jackson, conocido como "el Maestro Zen". Lo más notable de sus logros fueron los increíbles y casi imposibles lanzamientos de baloncesto y el rendimiento de Michael Jordan. ¿Cómo pudo Michael Jordan hacer lo que hizo y ayudarle al entrenador Phil Jackson a llevar a los *Bulls* de Chicago a seis campeonatos? ¿Cómo pudo Phil Jackson repetir el éxito con los *Lakers* de Los Ángeles, a los que dirigió y llevó a cinco campeonatos más? George Mumford, un psicólogo del deporte, que trabajó con los *Bulls* de Chicago (incluyendo a Michael Jordan) durante cinco años en su carrera hacia el campeonato y quien trabajó después con los *Lakers* de Los Ángeles, describió cómo el entrenamiento en baloncesto se complementaba con la meditación. Los *Bulls* se sentaban a meditar, visualizaban sus movimientos del baloncesto en sus mentes y se relajaban.[12] El resultado, dos tricampeonatos o seis campeonatos durante el tiempo en que Phil Jackson y los *Bulls* estuvieron juntos. El Jugador Más Valioso de las finales de la NBA, Kobe Bryant, informó en una entrevista de televisión el 17 de junio de 2009, que el entrenador Phil Jackson hacía meditar a los *Lakers* antes de los juegos.[13] Otro jugador de los *Lakers*, Andrew Bynum, también meditaba antes de un partido, "con una sesión después de su almuerzo antes del juego y poco antes del salto inicial para que pudiera visualizar lo que le esperaba más tarde esa noche".[14] Como Phil Jackson dijo en una entrevista acerca de hacer meditar a sus equipos de baloncesto, "... nos sentamos en esta actitud de poder enfocar y mantener nuestra atención... es muy importante que tengan ese tipo de sentido de leerse entre ellos, su nivel de conciencia y estado de alerta, y el poder leer lo que está pasando en la cancha hace que cada uno de ellos reaccione de una determinada manera. Y esa es la belleza del baloncesto, esa es la belleza de dirigir".[15]

Lo que tienen en común estos ejemplos de éxito académico y logros deportivos es la fórmula de acoplar con éxito el entrenamiento utilizando el poder del cerebro, combinado con ejercicios de meditación y concentración. Ello resulta en un mejor desempeño, sentir más confianza, aumentar la motivación, tener mejores resultados en las pruebas y competiciones, y disfrutar más del aprendizaje.

Otro de los beneficios de la reducción y prevención del estrés en los estudiantes es el beneficio global para la sociedad. A menudo el estrés puede conducir a comportamientos antisociales, problemas de disciplina y el aumento de la delincuencia, que no solo afectan el bienestar del individuo que se involucra en tales acciones, sino también el bienestar global de la sociedad.

En el caso de los estudiantes académicos, a menudo los problemas de disciplina claman en busca de ayuda. Con frecuencia se derivan del fracaso escolar y la frustración. Todo el mundo quiere tener éxito y verse bien ante sus compañeros. Cuando se enfrentan a la vergüenza en el colegio al fracasar o no saber una respuesta, o en el trabajo al no saber cómo hacer una tarea o un trabajo, a menudo los estudiantes utilizan tácticas de evasión para encubrir su falta de conocimiento. Esto incluye actuar, hacer de payaso, evitar el trabajo, dejarlo, abandonarlo, o mezclarse con pandillas o grupos en el trabajo o en el colegio que se involucran en conductas antisociales. He visto a muchos alumnos de todas las edades, cuya frustración por el fracaso ha dado lugar a comportamientos inadecuados y problemas de disciplina, incluyendo formar parte de pandillas. Sin embargo, cuando se les dieron técnicas para ayudarles a tener éxito, se acabaron sus malos comportamientos y se volvieron estudiantes motivados y dedicados, con conductas socialmente aceptadas.

Esta súplica de ayuda se puede abordar por el proceso de dos pasos: 1) diagnosticar la manera mejor y más rápida en que cada alumno aprende e instruirlos en sus temas o habilidades relacionadas con el trabajo en su propio estilo particular de aprendizaje, y 2) enseñarles meditación, relajación y técnicas de visualización para mejorar su concentración y reducir y prevenir el estrés. Estas aplicaciones prácticas de la investigación del cerebro pueden ser utilizadas por estudiantes de todos los orígenes. Los resultados fenomenales se aplican a alumnos en cualquier ámbito académico o en el lugar de trabajo. Estos métodos se derivan de la comprensión de cómo funciona el cerebro y la utilización de las mejores prácticas para lograr resultados exitosos.

Si bien es doloroso observar los casos individuales de los alumnos que sufren de estrés al aprender en el colegio o en el trabajo, es alarmante la enorme cantidad de personas que sufren estos trastornos relacionados con el estrés en todo el mundo. La pregunta que debemos hacernos es, ¿nos quedamos sentados viendo que las cifras de estudiantes afectados por la depresión, la ansiedad y otras dolencias físicas y mentales sigan creciendo? Cualquier persona en condiciones de ayudar a los estudiantes de cualquier edad puede pensar en emplear este método de dos pasos para ayudarlos. En primer lugar, averiguar cómo aprenden y ajustar la enseñanza a su estilo particular de aprendizaje y de cerebro. La comprensión y la memoria mejorarán en gran medida, ayudándolos a hacer frente a sus diferentes materias académicas. Estas técnicas también se pueden utilizar para ayudarles con sus deportes o con sus actividades extracurriculares. En segundo lugar, mostrar a los estudiantes cómo la meditación puede reducir el estrés y evitar que su nivel se eleve.

Al mantenerlos alejados del estado de pelear o huir, se pueden reducir las hormonas relacionadas con el estrés que circulan en su cuerpo. Por medio de la enseñanza de técnicas de relajación obtendrán mejores resultados, accederán a su parte pensante del cerebro durante las pruebas o evaluaciones de desempeño y estarán libres de los trastornos mentales y físicos que se presentan al estar bajo estrés. Su concentración, rendimiento y salud física, mental y emocional mejorarán. Con la concentración que desarrollan por medio de la meditación, su capacidad para manejar mayores cargas de trabajo puede aumentar. Pueden abordar su trabajo con calma y equilibrio. El trabajo ya es lo suficientemente duro, pero enlodado por la ansiedad y el estrés, se vuelve aún más difícil. Si podemos reducir el estrés en los estudiantes, incluso con grandes cargas de trabajo, estarán mejor capacitados para manejar la situación.

Imaginen un atleta tratando de correr una carrera con la carga adicional de un peso enorme en su espalda. Eliminen el peso y podrá correr más rápido, con menos carga. Si podemos eliminar el peso del estrés de los hombros de los estudiantes al ayudarles a vivir el éxito, al enseñarles su mejor forma de aprender junto con la meditación para tranquilizarse, pueden correr más rápido y alcanzar un gran éxito en su vida escolar y en sus profesiones.

Ricki Linksman, MEd es autora de numerosos libros sobre aprendizaje acelerado, lectura y mejora de comprensión, memoria, calificaciones, puntajes de pruebas, y capacitación para la educación, empleos o carreras profesionales mediante la investigación basada en el cerebro, incluyendo *How to Learn Anything Quickly* (Barnes and Noble). Como fundadora y directora de un instituto de aprendizaje acelerado, ella forma a los educadores para acelerar el aprendizaje de los estudiantes de todas las edades, le enseña a los entrenadores cómo ayudar a los atletas a mejorar el aprendizaje de sus deportes y comparte técnicas con los empleadores para ayudar al personal y profesionales a acelerar el aprendizaje en sus trabajos o carreras. Sus galardonados programas han ayudado a los estudiantes de todas las edades a elevar sus logros en años por encima de su edad, en un término de meses, a mejorar calificaciones y desempeño, y a elevar la autoestima y la motivación. Ha presentado estos métodos de aprendizaje acelerado en todo el mundo a universidades, empresas, instituciones educativas y corporaciones financieras, a profesionales de los ámbitos médico y legal, y a entrenadores y equipos deportivos de fútbol, baloncesto, golf y béisbol.

PARTE 6

Meditación para el manejo del dolor

CAPÍTULO 14

REDUCIR EL DOLOR DE LA DISCAPACIDAD MEDIANTE LA MEDITACIÓN

Por Harald Hoermann, MS

En cierta etapa de mi vida, tuve la oportunidad de sentir una profunda transformación, un cambio en mi forma de vivir y mi actitud hacia la vida. Siempre he sido una persona feliz, sobre todo desde que conocí a mis Maestros espirituales, Sant Darshan Singh Ji Maharaj y Sant Rajinder Singh Ji Maharaj, y Dios estaba presente en mi vida. Meditaba con regularidad y me sentía feliz con mi vida. Vivía en Austria y era un deportista, pasaba horas todos los días corriendo y montando en bicicleta en las montañas austríacas, guiando a la gente allí y dando clases de deportes en la noche.

Extrañamente, de vez en cuando tenía el pensamiento: "¿Cómo cambiaría la vida si viviera sin mover mis piernas?". Rápido alejaba estos pensamientos al encontrarlos desagradables e innecesarios. Sin embargo, cuando pensaba en las consecuencias, dudaba querer seguir viviendo en una situación como esa, sin poder practicar todos mis deportes, sin el disfrute y satisfacción que recibía de ellos y sin poder moverme libremente como lo hacía. Un día, al ver a una persona en una silla de ruedas, comenté con un amigo sobre eso y le dije que esta sería la peor situación de la vida para mí. Esto fue alrededor de un mes antes que mi vida tuviera un cambio dramático.

En mi cumpleaños, un maravilloso día soleado de agosto, iba en bicicleta de montaña cuesta abajo cerca de la Universidad de Innsbruck. De repente, sentí que mi bicicleta y yo estábamos girando en el aire y golpeé un muro de hormigón con mi cuello y mi espalda. Todo lo demás lo resumo. No recuerdo el primer día en el hospital antes de mi cirugía, pero cuando desperté de la operación en mi columna vertebral, encontré a mi madre y a una persona muy querida a mi lado. No podía hablar, pero escribí que todo estaba bien y que no debían preocuparse. El médico vino y me habló de mi condición, que no podría volver a caminar y que estaba gravemente herido en la columna vertebral. Este pudo haber sido el momento para sentirme muy mal y triste, pero... curiosamente... de inmediato pensé... mi cuerpo está sufriendo, pero todo lo que está sucediendo, es una bendición maravillosa para mi alma. Apenas podía mover mi cabeza y mis brazos, pero me sentía feliz por dentro. Sentía que mi cuerpo estaba pasando por un momento difícil, pero mi alma estaba en éxtasis.

En ese entonces, yo ya había sido iniciado en el método de la meditación en la luz y el sonido internos en 1986 por Sant Darshan Singh Ji. El hecho de conocer a Sant Darshan Singh Ji, mi mentor espiritual, influenció mi vida enormemente en todas las esferas. Ya había empezado a sentir que la felicidad no depende de los límites de este cuerpo físico, sino que viene desde los reinos espirituales internos, donde Sant Darshan Singh Ji y Sant Rajinder Singh Ji vierten su amor y apoyo sin límites, de manera amorosa y bondadosa, lo que me llenaba de una felicidad y alegría que hacía que quisiera bailar extasiado.

Aunque me sentía apoyado desde adentro, después del accidente tuve un deseo intenso: quería hablar con Sant Rajinder Singh Ji. En medio de la noche, debido a la zona horaria diferente en los Estados Unidos, mi cama del hospital fue trasladada de la habitación al pasillo para no molestar a los otros pacientes y me dieron un teléfono para llamar a Sant Rajinder Singh Ji. Tuve la oportunidad de hablar con él unas horas más tarde. Uno no se puede imaginar las ondas de dicha y gratitud al escuchar su voz en el teléfono. Hablamos durante unos minutos, llenándome de momentos de alegría y felicidad únicas. A partir de entonces, tan solo me sentí bendecido, guiado por completo y extremadamente feliz. No había mancha de tristeza dentro de mí, y compartía mi alegría y felicidad interior con todos a mi alrededor. Nunca antes en toda mi vida me sentí en tanta armonía, totalmente guiado y en unión con mis Maestros y con Dios. ¡Sencillamente, estaba feliz! El dolor en mi cuerpo era insignificante, la alegría y el sentimiento de estar unido y completamente guiado fue abrumador.

Con profunda gratitud, agradecí y todavía lo hago, a Sant Darshan Singh Ji y Sant Rajinder Singh Ji por la gracia que vertieron sobre mí.

Como resultado, al estar conectado espiritualmente, he sentido una gran capacidad para hacer frente a las circunstancias. Las enseñanzas de *Sant Mat* establecen que el objetivo y la esencia de la vida es crecer espiritualmente y debido a los procesos kármicos, pueden suceder dificultades físicas; estos preceptos me ayudaron enormemente a enfrentar la situación de este accidente y la discapacidad. La firme convicción que todo lo que pasó es difícil para el cuerpo pero provechoso para mi alma, me dio apoyo mental y armonía en estos tiempos difíciles a nivel físico. Cuando los Maestros de *Sant Mat* nos dicen que todo lo que sucede en la vida es lo mejor para nosotros, se abre un mundo de posibilidades para afrontarlo. De hecho, siempre he visto que esta situación de hacerle frente a un desafío físico me ayudó a crecer como ser humano. Un incidente que yo antes había calificado como la peor cosa que podría suceder en mi vida, perdió sus espinas y dolor, y yo estaba en un estado de unidad, de profunda felicidad y bienaventuranza.

Puedo añadir que afrontar estos procesos intensos, la sensación de alegría y armonía después de mi accidente y mi vida en una silla de ruedas desde hace más de veinte años, no solo proviene del razonamiento intelectual. Al hablar con amigos antes de mi accidente al ver a una persona en silla de ruedas, había dicho que esta situación sería la peor de manejar en la vida. Luego, un mes después, estando exactamente frente esta circunstancia habiendo creído que sería lo peor, estuve en total armonía y felicidad, eso parece un milagro para mí. Doy gracias a Sant Darshan Singh Ji, Sant Rajinder Singh Ji y al poder de Dios por cambiar la peor situación en una fuente de desarrollo, conectada siempre con mucha felicidad y alegría. Para mí, esta es una vivencia de gracia divina y amor. Estas experiencias de gracia nunca se detuvieron, sino que siguieron por siempre en mi viaje por la vida con la guía de los Maestros.

Después de este profundo periodo de armonía, el trabajo con mi cuerpo y sus nuevas limitaciones, así como el trabajo mental, se inició con el proceso de rehabilitación. Tuve nuevos retos en la manera de manejar mis funciones corporales, maniobrar la silla de ruedas y la vida cotidiana.

Un aspecto específico e importante del camino espiritual que me ayudó muchísimo para hacer frente a estos desafíos físicos y mentales fue la meditación en la luz y el sonido. Durante la rehabilitación y los períodos siguientes, la meditación demostró ser una herramienta muy útil para sobrellevar mi situación, en términos de salud espiritual, mental y física, y bienestar. Personalmente pude comprobar la investigación que ha sido documentada por varios científicos, en cuanto a las enormes posibilidades de la meditación en el sector de la salud y en el proceso de hacer frente a la situación.[1, 2 y 3]

Mediante la práctica de la meditación en la luz y el sonido internos[4, 5 y 6], como lo enseña Sant Rajinder Singh Ji, sentía una mayor estabilidad y armonía mental después de cada sesión de meditación, acompañadas de relajación y tranquilidad, tanto mental como física. Cuando las tareas se volvían abrumadoras, una sesión de meditación me ayudaba a recuperar la calma y la estabilidad.

También me ayudó a ser más consciente de mi cuerpo físico, ya que se hizo más fácil estar en contacto con mis extremidades paralizadas a través de un sentido interno de observación. Lo describiría como una sensación interna de ser consciente de las energías del cuerpo, independiente de si las conexiones nerviosas estaban intactas o no. Este sentido interno de conexión se ha despertado y fortalecido con la meditación. Me ayuda a conectarme mentalmente con mis extremidades paralizadas, a tener sensaciones de energía y a crear interés por las partes del cuerpo paralizadas, que algunas veces son descuidadas y casi olvidadas por muchos individuos después de una lesión de la médula espinal seguida de parálisis. Me preocupo y trato bien esas partes del cuerpo, estoy en contacto con ellas, las entreno con estimulación eléctrica y estiramiento diario, y las incluyo de manera consciente en mi imagen corporal. Me siento mucho más como un ser humano completo, incluyendo la parte física, a pesar de la pérdida del control motor y de las sensaciones, y la meditación es útil en este aspecto.

Las sensaciones de dolor disminuyeron mediante la relajación y la reducción del estrés, tanto mental como físico, provenientes de la meditación.

En resumen, personalmente quiero señalar que la primera gran ayuda después de la situación del accidente, fue el enfoque espiritual de ver la vida. Para mí, es debido a la gracia de Dios que tuve la oportunidad de tomar este accidente y todo lo que siguió como una bendición sin sentimientos negativos o juicios. En mi vida, esta gracia fluye a través de la presencia y guía espiritual ilimitada, de mis Maestros espirituales Sant Darshan Singh Ji y Sant Rajinder Singh Ji.

En el proceso de rehabilitación y de una vida con discapacidad, esta gracia ha continuado. El amor y el cuidado de Sant Rajinder Singh Ji me llenan siempre de alegría y de gratitud por cada instante de mi vida, incluso cuando las cosas aparentemente son difíciles. Todo en mi vida tiene sentido y significado.

No siempre la vida es fácil, ya sea que enfrentemos desafíos físicos o de otro tipo. Con las enseñanzas de los santos, y todas las bendiciones y el apoyo que se derivan de ellos, sobre todo en mi caso, la conexión con Sant Darshan Singh Ji y Sant Rajinder Singh Ji, todo está lleno de significado y creo que lo mejor que podría ocurrir, realmente está sucediendo. En nuestros encuentros, me siento cargado con el máximo de amor y ayuda. De esta manera las cosas son más fáciles. Incluso, cuando no nos reunimos físicamente, estas bendiciones continúan y sustentan todo mi ser. Con la gracia de Dios, todo está bien.

El proceso de la meditación es la herramienta más valiosa para recuperar y mantener la salud espiritual, mental y física. Ayuda a recargar, a armonizar el cuerpo y la mente, y amplía la perspectiva de una visión espiritual de vida.[7] Algo hermoso es que en la meditación no sentimos las limitaciones del cuerpo físico. La meditación en la luz y el sonido internos es una experiencia de paz y júbilo, y la recomiendo plenamente a cualquier persona que se enfrente a un estado de limitación física y que esté lista a intentar el trabajo interno para sentir los beneficios para sí mismo.

Harald M. Hoermann, MS (Biología) es profesor y científico de la Universidad Médica de Innsbruck, Austria. Él es un conferencista líder que promueve la apertura de la sensibilidad de los estudiantes hacia las personas con discapacidad y la plenitud de la vida a pesar de eso. Enseña técnicas de meditación a los estudiantes de medicina en el campo de la promoción de la salud y el manejo del estrés para personas en situaciones de alto nivel de tensión. Sus esfuerzos profesionales se centran en la investigación activa del papel de la meditación en una estrategia moderna de promoción de la salud, así como en el asesoramiento de enfoques de manejo del estrés. El impacto que la meditación tiene en la vida diaria en la salud es su principal actividad de investigación. Además, tiene una carrera deportiva como atleta y entrenador, y luego de haber tenido un accidente deportivo hace más de veinte años, sigue compitiendo como ciclista con las manos.

CAPÍTULO 15

LA MEDITACIÓN Y LA SANACIÓN DEL DOLOR

Por James Harris Gruft, MD, DABPM, FAAPMR

Meditación y dolor físico

El dolor físico persistente es multidimensional. Melzak y Casey describen tres dimensiones del dolor. Existe el *componente sensorial* o *nocivo* procedente de la parte afectada que envía señales desde nuestros nervios periféricos al cerebro. Está el *componente cognitivo-evaluador* del dolor: este es más intenso, más profundo, más caliente, más agudo o más localizado que el dolor que sentíamos cuando teníamos seis años y nos dieron un golpe en el estómago. Por último, está el *componente afectivo* del dolor, donde todo lo malo, todo lo injusto que nos ha pasado aviva nuestro dolor, como un ventilador en una chimenea medieval enorme.

La meditación a la vez es, y no lo es, la última técnica de distracción. La palabra *distracción* viene del verbo *trahere* que significa "tirar, arrastrar" y del latín *dis* de *distractio* o *distractionis* que significa "separación por múltiples vías, divergencia". Por lo tanto, "distracción" significa alejarse de, en este caso, del dolor. Con la meditación, nos alejamos del dolor no escapando de este, sino yendo más allá de él. Cuando se aprende a meditar, surge una experiencia relajante maravillosa que calma los nervios, acompañada de una sensación dulce de paz. Experiencias como estas ayudan a minimizar el sufrimiento y las dimensiones cognitivas y afectivas del dolor.

Dolor, sufrimiento y Darian

Una vez evalué a un hombre de unos cincuenta años quién tenía dolor, al que llamaré Darian. Sufría dolor lumbar severo crónico y fue admitido en nuestro programa de manejo del dolor. Se le enseñó y comenzó a practicar la meditación. Después de dedicarse a esta actividad, me comentó que si bien su dolor a veces todavía podía ser intenso, rara vez le hacía daño. A veces era capaz de hacer caso omiso de este por completo. Al preguntarle más, descubrí que realmente lo que quería decir era que seguía teniendo dolor, pero ya no había ningún sufrimiento involucrado. El desconcierto emocional que acompañaba el dolor, el sufrimiento, era lo que había sido tan difícil de soportar. Sin este sufrimiento, podía lidiar con su dolor mucho más fácilmente.

Este proceso suele ser gradual, no es tan impresionante como en el caso de Darian. Sin embargo, la capacidad de llegar a este estado es real. El efecto tranquilizador y centrado de la meditación contribuye considerablemente modificando de manera positiva nuestra experiencia del dolor. Recordando el modelo tridimensional del dolor de Melzak y Casey parece que las dimensiones cognitivo-discriminativa y afectiva-motivacional del dolor se alteran con más facilidad por medio de la meditación.[1] Todavía puede haber dolor, pero este ya no es agravado por el estrés, la tensión y los muchos males que hemos sufrido. A medida que meditamos se desarrolla un sentido saludable de desapego. Esto no debe confundirse con la disociación, que es una forma de escape. Mediante el desapego saludable, el dolor es procesado y puesto en su contexto adecuado. Al escuchar el dolor aún sin sucumbir a este, ni dejando que domine nuestra vida, se hace más manejable.

Meditación y dolor psicológico

¿No somos más que la suma total de nuestro cuerpo, sentimientos y pensamientos; o somos algo más que eso, más allá de nuestros gustos y disgustos? Es más, si nuestra alma es algo diferente de nuestros pensamientos y sentimientos, ¿qué función tiene?

Sant Rajinder Singh Ji Maharaj ha definido la expresión externa del alma como atención.[2] Los estudios científicos sobre la atención han comprobado que esta es precognitiva: está presente antes de que se formen los pensamientos reales.[3] Debido a que la atención se origina antes de los pensamientos, debería ser posible controlar los pensamientos que tenemos. Pero, ¿cuántos podemos hacer eso? Para la mayoría de nosotros, el estado de nuestra atención es débil y continuamente es arrastrada por las atracciones exteriores o los sentimientos internos. En consecuencia, nos encontramos obsesionados con las experiencias del pasado que moran en nuestro dolor o somos distraídos continuamente por cualquier cosa. Joseph Chilton Pearce, autor de *The Crack in the Cosmic Egg*, se refiere a esto como "cotorreo mental".

A través del proceso de la meditación y la introspección personal, podemos comenzar a experimentarnos como algo más allá de nuestros gustos y disgustos. Podemos volvernos más apegados a nuestro ser y menos a los vientos del tiempo y su panorama en constante cambio. La meditación fortalece nuestra atención, lo que le da al alma más control sobre nuestros pensamientos y sentimientos, estamos menos agobiados por las circunstancias externas y por las experiencias desagradables. Empezamos a darnos cuenta que nuestra vida en el mundo no es nuestra única realidad, vemos que también tiene una dimensión espiritual.

¿Cuáles son los signos externos de las personas que han logrado dominar su atención? Por lo general sacan tiempo del torbellino de actividades que llamamos vivir en el siglo XXI y centran su atención en su interior con el fin de experimentar lo que realmente son. Ellos están centrados y mantienen su equilibrio, aún en medio de la total devastación.

Con la meditación, podemos sentir serenidad. La confusión psicológica se puede sustituir por una sensación de paz de nuestro ser. Además, podemos comenzar a experimentar una conexión con el poder que creó todas las cosas. Cuanto más contactamos ese poder, nuestra atención se dirigirá más hacia nuestro yo superior.

Sanando nuestro dolor a través de la espiritualidad y la meditación

La espiritualidad aparece con más frecuencia en la literatura médica. En un extracto reciente, la medición de la espiritualidad o la religión se encuentra en la mayoría de las principales revistas en un 1 a 3 % de sus artículos. En las revistas médicas de medicina paliativa, el 6,3 % tenían indicadores de espiritualidad o religión.[4] ¿Por qué la espiritualidad se menciona con el doble de frecuencia en la literatura de medicina paliativa? Esta es la rama que se ocupa de aliviar, no de curar; se encarga de las personas con dolor crónico o de pacientes terminales. Estas dos condiciones pueden llevar a la gente a explorar los aspectos más profundos de su vida, lo que incluiría la espiritualidad.

De acuerdo con una encuesta Gallup reciente, el 95 % de los estadounidenses cree en Dios o en un poder superior, con un 85 % que dice que las creencias religiosas o espirituales son importantes en su vida.[5] Encuestas anteriores mostraron que el 43% dijo que había tenido conocimiento o fueron influenciados por una presencia o un poder (ya sea que lo llamaran Dios o no) que era diferente de su vida cotidiana.[6]

Podemos estar sanos física y psicológicamente, pero si creemos que nuestra vida no tiene sentido, sufrimos de la enfermedad del alma. En medio de este ambiente, podemos pasar los días pero solo rozamos la superficie de nuestra vida. Todos los accesorios de la buena vida pueden ser nuestros, incluso al anestesiarnos continuamente con distracciones debido a una sensación oculta de vacío. Nuestra necesidad de escapar puede dar lugar a actividades tan inútiles como ver sin parar programas en la televisión, tan profundas como escuchar un cuarteto de cuerdas de Beethoven, o tan perjudiciales como una adicción al alcohol o las drogas. Independiente de nuestro método de distracción, el propósito es el mismo: escapar del dolor causado por la falta de sentido en nuestra vida. Cualquier recordatorio desagradable de algo que falta es doloroso. Si optamos por no enfrentar este dolor, se relegará a las sombras, de donde puede surgir en cualquier momento en forma de desesperación o pánico.

Si nos detenemos a pensar en ello, el mundo no es un entorno sano. Nuestra mente es amante de las diversiones y a medida que crecemos, contamos con innumerables distracciones que nos mantienen tan ocupados en los placeres y las tribulaciones del mundo que rara vez nos tomamos el tiempo para averiguar en qué consiste la vida. En tales circunstancias, el inusual llamado de atención (cuando de pronto caemos en cuenta con toda certeza que no sabemos cuál es nuestro propósito en la vida), nos puede golpear repentinamente y amenazar con abrumarnos. Por desgracia, en lugar de impulsar esta percepción, la mayoría escondemos este dolor debajo de la alfombra lo más rápido que podemos.

Sin embargo, a veces esta experiencia significativa nos sacude lo suficiente para presenciar la parte más profunda de nuestro ser. Uno de los eventos más difíciles que podemos tener es la muerte de un ser querido. Un fatídico día, durante mi residencia en medicina física y rehabilitación en el Columbia Presbyterian Hospital, en Manhattan, sonó el teléfono. Era mi hermana llorando, diciéndome que mi padre, que estaba en España de vacaciones con mi madre, había muerto de repente. La noticia fue tan inesperada y sorprendente que rasgó la tela de mi apartado mundo.

En ese momento de mi vida, vi lo que la gente en Oriente llama *maya* (la ilusión del mundo). Con una certeza atroz, me di cuenta que toda nuestra cultura estaba basada en la ilusión de que vamos a vivir para siempre y que el objetivo de la vida era vivir, beber y ser feliz, o el equivalente moderno: "El que muere con más juguetes gana". Como resultado de esa experiencia, busqué un significado más profundo en mi vida. Muchas tentaciones del mundo perdieron su poder sobre mí.

Por mucho que podamos aceptar que no viviremos para siempre, ¿cuántos de nosotros realmente creemos eso? Preferimos vivir bajo el hechizo de la falsa inmortalidad en lugar de enfrentar la verdad, una condición que llamo negación colectiva. Haciendo caso omiso de las consecuencias de nuestra mortalidad, todos creemos que si leemos suficientes libros buenos, vemos buenas películas, tenemos vacaciones maravillosas, ganamos dinero suficiente, usamos innumerables cremas o pastillas anti-envejecimiento, tenemos muchos estiramientos faciales o correcciones quirúrgicas, hacemos ejercicio, comemos alimentos saludables, nos rodeamos de belleza y hacemos realidad muchas de nuestras fantasías, de alguna manera escaparemos a la inevitable vejez y muerte. Si eso no es una ilusión, ¿qué es?

Cuando una persona se da cuenta de su impotencia y con humildad clama a Dios por ayuda, ese es un llanto del alma. Según Sant Rajinder Singh Ji: "Con una oración auténtica y un anhelo sincero, Dios escucha nuestro llanto".[7] Después de que ese clamor se ha escapado de nuestro corazón y volado a los cielos, no podemos hacer nada más que esperar. Algunas tradiciones espirituales afirman que si clamamos sinceramente al Creador desde lo más profundo de nuestra alma, Dios responderá trayéndonos a alguien que nos pueda enseñar cómo contactar lo más recóndito de nuestro ser interior. Entonces, como a un habitante del bosque primitivo al que se le muestra cómo hacerlo al arrodillarse ante un estanque, podemos ver nuestro rostro por primera vez. Aquietar la mente y retirar nuestra atención del mundo exterior es lo primero que hay que hacer para ver nuestro verdadero semblante, nuestro ser interior. Este hecho de mirar en el estanque, lejos de ser un acto de narcisismo, surge de un amor auténtico por nuestra alma. Es el máximo episodio de caridad por nosotros, permitiéndonos descansar de nuestra mente, que siempre trata de arrastrarnos de un lado a otro. Este proceso de mirar hacia adentro, llamado oración con atención o meditación, nos ayuda a descubrir nuestra naturaleza espiritual, una naturaleza que está más allá de los temores y las preocupaciones del mundo, de nuestros gustos y disgustos mezquinos. Y esto hay que hacerlo solo.

La soledad se siente con mayor intensidad en los espacios que hay entre nuestras distracciones: en medio de nuestro trabajo, de los programas de televisión, de nuestra vida romántica y de nuestras adicciones. Llena los vacíos que hay entre nuestras aventuras con el alcohol, los cigarrillos o las drogas, surgiendo en medio de las sombras cada vez que nos encontramos solos. Se cierne sobre nuestra cabeza, lista para saltar *cuando no tenemos nada que hacer.*

Lo notable es que si en lugar de tratar de huir cuando aparece el sufrimiento, solo lo miramos y esperamos en silencio sin hacer nada, una vez este dolor ha terminado tratando de agobiarnos, comenzará a hablar. Las primeras palabras que normalmente pronuncia son: "¿Qué estás haciendo con tu vida?". ¿De dónde vienen estas palabras?

Hay un poder que podemos aprovechar y que nos ayuda a lograr la paz mental y a desarrollar un poderoso sentido de sí mismos, lo suficientemente fuerte para defender nuestros principios y no perder terreno frente a nuestras adicciones. Es el poder que surge al estar solo.

Estar totalmente solo puede ser aterrador para alguien que nunca lo ha experimentado. Esto significa aislarnos de todo lo que puede arrastrar nuestra atención al mundo. Es diferente a distraernos de nuestro dolor. No tratamos de escapar del dolor, lo enfrentamos. En la práctica de la meditación *Jyoti,* en la que estamos esencialmente solos, no nos concentramos en nuestra respiración, hacemos un esfuerzo consciente para eliminar influencias, incluidas las de nuestro cuerpo.

Se necesita mucho valor para estar realmente solo, para practicar lo que se llama meditación. La meditación, aunque asociada a la mayoría de las religiones, no es en sí misma una práctica religiosa. Es simplemente una herramienta para profundizar nuestra relación con nosotros mismos y nuestro poder superior. Podemos elegir meditar seamos teístas o ateos. Hace muchos años, cuando empecé a practicar la meditación, he de reconocer que hubo momentos en que me sentí miserable al estar sentado solo, aislado de los demás. Me preguntaba por qué estaba tomando un tiempo valioso de mi ocupada vida cuando parecía que todo lo que conseguía de ella era más dolor que cuando empecé. Una parte de mí gritaba "sal", corriendo, trabajando, creando, conociendo gente, en fin, conquistando el mundo. Sin embargo, otra parte más profunda y tranquila sentía la necesidad de desarrollar una vida interior. No había podido encontrar el sentido de la vida "allá afuera", y escasamente evitaba que la desesperación de la falta de sentido me embargara. Lo mantuve con la orientación y el estímulo de dos Maestros de meditación. Desde entonces he cambiado. Me he vuelto más centrado teniendo una vida interna más profunda. Mirando hacia atrás, creo que fue una de las cosas más valientes que he hecho.

Sant Rajinder Singh Ji describe un proceso de meditación sencillo, llamado meditación *Jyoti,* en su libro *El poder sanador de la meditación.* Él nos pide que cerremos los ojos y, completamente despiertos en un lugar tranquilo donde no seamos distraídos ni molestados, concentremos nuestra atención frente a nosotros y comencemos a meditar. Finalmente es aquí donde estamos solos. Para evitar que nuestra mente nos distraiga con pensamientos mundanos o aparentemente importantes, los cuales son distracciones formidables, mantenemos la mente ocupada mediante la repetición de un Nombre con el que nos sintamos cómodos, el cual representa un poder o virtud superior. Con la mente ocupada para que no nos moleste, nos sentamos, observamos y esperamos. ¿Para qué? Para lo que recibamos. Esta es una técnica de meditación eficaz que sigo y animo a mis pacientes con dolor crónico a que la practiquen. (Ver en el último capítulo las instrucciones de la técnica de meditación *Jyoti,* la forma de introducción a la meditación, dada por Sant Rajinder Singh Ji Maharaj).

Como ya he dicho, estar solo requiere coraje. El proceso de detener el parloteo interno de nuestra mente también necesita práctica y paciencia. Frente a tantas distracciones, la falta de estimulación sensorial puede parecer sobrecogedora.

Si queremos encarar nuestro dolor con heroísmo debemos tomar la iniciativa y tenemos que hacerlo solos. ¿Quiénes son los héroes? Son personas que viven de acuerdo con sus principios, independiente de las circunstancias. En secreto, muchos de nosotros queremos ser héroes, ¿pero exactamente cómo se hacen? ¿Es solo cuando el dragón sale de su guarida que el héroe se pone a prueba? No. Un héroe de verdad no necesita enemigos increíbles. Aquel que puede enfrentar con éxito las catástrofes grandes y pequeñas de la jornada diaria es un héroe.

Joseph Campbell, el gran experto en mitología concluye su obra maestra, *El héroe de las mil caras*, considerando la relación entre la meditación y el héroe.

> Las meditaciones preliminares del aspirante separan su mente y sentimientos de los accidentes de la vida y lo llevan a la esencia. 'No soy eso, ni eso', cavila: 'No soy mi madre o el hijo que acaba de morir; mi cuerpo, que está enfermo o envejeciendo... No soy mi mente, ni mi poder de la intuición'. Con tales reflexiones es conducido a su propia profundidad y avanza, por fin, hacia logros inconmensurables... El objetivo no es ver, sino darse cuenta que uno es esa esencia... Dondequiera que el héroe puede deambular, haga lo que haga, siempre está en la presencia de su propia naturaleza, pues él tiene el ojo perfeccionado para ver".[8]

Por lo tanto, el verdadero acto del héroe no está conectado a sus acciones contra la tiranía, la hipocresía y el mal. Lo que caracteriza al héroe es el acto de estar solo. Porque este acto oculto a todas las miradas, lleno de dolores inexplicables y frustraciones, busca invocar la gracia y le capacita para elevarse a otro nivel de conciencia. Así es el corazón del héroe al descubierto. Se espera que pueda ser una experiencia bendecida con la revelación divina, pero no puede haber ninguna expectativa. El héroe debe esperar y todo lo que haya de venir llegará.

El hecho de estar solo constituye el aspecto invisible de la vida del héroe, desconocido para los observadores de sus grandes hazañas de valentía, oculto a sus biógrafos. Durante el proceso de la meditación, de estar solo, se desarrolla un sentimiento más profundo de uno mismo. Es el proceso de mirar adentro. A través de la meditación, retiramos nuestra atención del exterior y la concentramos internamente, en un lugar que está más allá de nuestras emociones y pensamientos. En lugar de su tendencia habitual de ir a las atracciones exteriores o a los sentimientos o pensamientos, la atención va al interior para descubrir nuestro tercer aspecto: el alma.

En muchos sentidos, el dolor espiritual es la última frontera. ¿Cuál es nuestra meta, sino descubrir quiénes somos, qué estamos haciendo con nuestra vida, y hacia dónde vamos después de que termina nuestra existencia física? ¿Puede este dolor mejorar alguna vez? La respuesta está ligada a estar básicamente a solas, donde entramos en el silencio profundo y desarrollamos la oración-con-atención (un término para la meditación). La meditación es una forma de conectarnos con nuestro ser más profundo y el poder superior. Cuanto más podamos conectarnos, menor es nuestra separación y obtenemos una fuente mayor y poderosa de fuerza interior.

James H. Gruft, MD, DABPM, FAAPMR y director médico está certificado en Medicina Física, Rehabilitación y Medicina del Dolor. Se desempeñó como director médico del Programa de Manejo del Dolor del Hospital de Rehabilitación Integral Marianjoy en Chicago por más de 14 años. Actualmente es profesor asistente en el Rush University Medical Center en el Departamento de Medicina Física y Rehabilitación, enseña a los médicos residentes el arte y la ciencia de la medicina para el dolor.

Médico y escritor reconocido a nivel nacional, el Dr. James Gruft también es el fundador del Centro de Salud *From Pain to Wellness* de medicina para el manejo del dolor y el estilo de vida. Es el autor de un libro popular, *From Pain to Wellness*, sobre el manejo del dolor.

El Dr. Gruft ha sido reconocido a nivel nacional por sus colegas como "Mejor Médico" desde el año 2002 hasta la actualidad, y es respetado por médicos de todo el país como "uno de los principales especialistas en dolor que practican hoy en día".

PARTE 7

Técnica de meditación

CAPÍTULO 16:

INSTRUCCIONES DE LA MEDITACIÓN *JYOTI*

Por Sant Rajinder Singh Ji Maharaj

La meditación *Jyoti* (meditación en la Luz) es una práctica introductoria que podemos ensayar por nuestra cuenta. Para hacerlo, nos sentamos en una postura cómoda, la que más nos convenga, en la que podamos permanecer quietos durante el mayor tiempo posible. Mientras meditamos, no nos tomamos de la mano ni tocamos a nadie, ya que cualquier movimiento traerá de nuevo la atención al cuerpo, impidiendo que nos concentremos en el asiento del alma, también llamado tercer ojo, ojo único, *shiv netra*, *divya chakshu, ajna* o *aggya chakra*, la décima puerta o *daswan dwar* (ubicado entre y detrás de las dos cejas).

Cerramos los ojos suavemente como cuando vamos a dormir, pero permanecemos despiertos. Esto evita que nos distraigamos con las imágenes del mundo físico. Con los ojos cerrados, centramos nuestra atención frente a nosotros. No apretamos los ojos. Tampoco levantamos la mirada hacia arriba en dirección de las cejas, porque eso ejerce presión en los ojos y la frente, y puede ocasionar dolor de cabeza. Por el contrario, permanecemos con la mirada enfocada suavemente frente a nosotros, observando en medio de lo que aparece en el interior. Nos mantenemos mirando horizontalmente a unos 20 o 25 centímetros al frente, con los ojos cerrados.

Observamos amorosamente en medio de lo que aparezca frente a nosotros. Al principio podemos ver oscuridad o luz, destellos de luz, puntos de luz, relámpagos de luz, círculos de luz, o una luz de cualquier color, roja, naranja, amarilla, azul, verde, púrpura, violeta, blanca o dorada. Debemos continuar con la mirada fija en el centro de lo que aparezca. Podemos ver panoramas internos, como un cielo, nubes, estrellas, una luna o un sol.

Al hacerlo, podemos notar que la mente nos envía pensamientos que nos impiden mirar en el interior. Quizás encontremos que no podemos silenciar nuestra mente para continuar meditando. Para ayudar a evitar que la mente nos distraiga, podemos repetir mentalmente, en silencio cualquier nombre de Dios con el que nos sentimos cómodos. Esta repetición se debe hacer mentalmente, no en voz alta, mientras continuamos mirando. Al observar con más detenimiento en medio de la luz, podemos entrar en contacto con los tesoros espirituales internos y disfrutar de una paz, alegría y felicidad, tan profundas como ninguna que hayamos encontrado en este mundo. El amor divino nos envuelve y nos llena. La belleza de la meditación es que esta felicidad permanece con nosotros, incluso después de reanudar nuestras actividades diarias.

Referencias y notas finales

Capítulo 1: La meditación como medicina para el alma, por Sant Rajinder Singh Ji Maharaj

[1] Craven, Dr. John L. (1989), Meditation and Psychotherapy, *Canadian Journal of Psychiatry,* Vol. 34, October 1989, pp. 648-53.

[2] Kutz, MD, Ilan, *et al.* (1985), Meditation and Psychotherapy, *American Journal of Psychiatry,* Vol. 142, January 1985, pp. 1-8.

Capítulo 2: Meditación: 25 años de experiencia en la medicina de atención primaria, por Matthew Raider, M.D.

[1]Wallace, R. K. & Benson, H. (1972). The physiology of meditation. *Sci. Amer*, 262(2):84-90.

[2]Bagchi, B. K. & Wenger, M. A. (1957). Electrophysiological correlates of some yogi exercises. *Electroencephaologr. Clin. Neurophysiol*, (Suppl)7:132-149.

[3]Dillbeck, M. C. & Orme-Johnson, D. W. (1987). Psychological differences between transcendental meditation and rest. *Am. Psychol*, 42:879-881.

[4]Werner, O., Wallace, R. K., Charles, B., Janssen, G., & Chalmers, R. (1989). Endocrine balance and the TM-Sidhi programme. Collected papers (Vol 2). Rheinweiler, Germany: MERU Press.

[5]Glaser, J. L., Brind, J. L., Vogelman, J. H., et.al. (1991). Elevated serum dehydroepiandrosterone sulfate levels in practitioners of the transcendental meditation and TM-Sidhi programs. *Journal of Behavioral Medicine*, 15:327-341.

[6]Das, N. N., (1957). Fastaut, H. Variations de L'Activite Electrique du Cerveau du Coeur et des Muscles quelletiques au Cours de la meditation et de l'extase yogique. *Electroencephologr. Clin. Neurophysiol*, 6(Suppl.):211-219.

[7]Orme-Johnson, D. W., & Haynes, C. T. (1981). EEG phase coherence, pure consciousness, creativity and TM-Sidhi experiences. *Int. J. Neurosci*, 13:211-217.

[8]Benson, H., & Wallace, R. K. (1972). Decreased blood pressure in hypertensive subjects who practiced meditation. *Circulation*, 45-46(Suppl.):516(a).

[9]Schneider, R. H., Alexander, C. N., Staggers, F., et. al. (2005). Long-term effects of stress reduction on mortality in persons> or=55 years of age with systemic hypertension. *Am. Journal Cardiology*, 95(9):1060-1064.

[10]Zamarra, J. W., Schneider, R. H., Besseghini, I., Robinson, D. K., & Salerno, J. W. (1996). Usefulness of the transcendental meditation program in the treatment of patients with coronary artery disease. *Am Journal of Cardiology*, 77(10):867-870.

[11]Curiati, J. A., Bocchi, E., Freire, J. O., Arantes, A. C., et. al. (2005). Meditation reduces sympathetic activation and improves the quality of life in elderly patients with optimally treated heart failure: a prospective randomized study, *Journal of Alt. & Comp. Med*, 11(3):465-472.

[12]Kaplan, K. H., Goldenberg, D. L., & Galvin-Nadeau, M. (1993). The impact of a meditation-based stress reduction program on fibromyalgia. *Gen. Hosp. Psych*, 15:284-289.

[13]Speigel, D. (1989). Effect of psycho-social treatment of patients with metastatic breast cancer. *Lancet*, 2:888-891, 1989

[14]Relman, A. (1988). Effectiveness of relaxation of visualization techniques as an adjunct to phototherapy of psoriasis. *Journal Am. Acad. Dermatol*, 19:572-573.

[15]Bujatti, M., & Riederer, P. (1976). Serotonin, noradrenaline, and dopamine metabolites in the transcendental meditation technique. *Journal Neural Transm*, 39:257-267.

[16]Wilson, R. S., Barnes, L. L., Bennett, D. A., Y Li, & Bienes, J. L. (2005). Proneness to psychological distress and the risk of Alzheimer's disease in a biracial community. *Neurology*, 64:380-382.

[17]Kim, D. H., Moon, Y. S., Kim, H. S., et. al. (2005). Effect of Zen meditation on serum nitric oxide activity and lipid peroxidation. *Progress in Neuro-psych. & Bio. Psych*. 29(2):327-331.

[18]Penfield, W. (1975). *The Mystery of the Mind. Princeton*, New Jersey: Princeton University Press.

Capítulo 3: Cáncer: cómo la meditación puede ofrecer un soporte vital, por Saraswati Sukamar, Ph.D., Profesora de Oncología del Programa de Cáncer de Seno Facultad de Medicina de la Universidad Johns Hopkins, Baltimore, MD

[1] Jemal, A., Bray, F., Center, M.M., Ferlay, J., Ward, E., & Forman, D.. Global cancer statistics. CA Cancer J Clin. 2011 Mar- Apr;61(2):69-90. *PubMed* PMID: 212968551:

[2]DeSantis, C., Siege, I.R., Bandi, P., & Jemal, A. Breast cancer statistics, 2011. CA Cancer J Clin. 2011 Nov-Dec;61(6):409-18. doi: 10.3322/caac.20134. *Epub* 2011 Oct Review. PubMed PMID: 21969133.

[3]Hede, K. Supportive care: large studies ease yoga, exercise into mainstream oncology. J Natl Cancer Inst. 2011 Jan 5;103(1):11-2. Epub 2010 Dec 17. *PubMed* PMID: 21169537.

[4] Matchim, Y., Armer, J.M., Stewart, BR. Mindfulness-based stress reduction among breast cancer survivors: a literature review and discussion. *Oncol Nurs Forum.* 2011 Mar;38(2):E61-71. Review. PubMed PMID: 21356643.

[5] Chopra, D., Medicine's Great Divide- the view from the alternative side, *Virtual Mentor.* June 2011, Volume 13, Number 6: 394-398.

Capítulo 4: La meditación en la era moderna, por Kunwarjit Singh Duggal, M.D.

[1] Geary, C. & Rosenthal, S.L. (2011). Sustained impact of MBSR on stress, well-being, and daily spiritual experiences for 1 year in academic health care employees. *Journal of Alternative and Complementary Medicine*, Vol. 17, October 2011, pp. 939-44.

[2] Cutshall, S.M., Wentworth, L.J., Wahner-Roedler, D.L., Vincent, A., Schmidt, J.E., Loehrer, L.L., Cha, S.S. & Bauer, B.A. (2011). Evaluation of a biofeedback-assisted meditation program as a stress management tool for hospital nurses: a pilot study. *Explore*, Vol. 7, March-April 2011, pp. 110-2.

[3] Warnecke, E., Quinn, S., Ogden, K., Towle, N. & Nelson, M.R. (2011). A randomized controlled trial of the effects of mindfulness practice on medical student stress levels. *Medical Education*, Vol. 45, April 2011, pp. 381-8.

[4] Malinski, V.M. & Todaro-Franceschi, V. (2011). Exploring co- meditation as a means of reducing anxiety and facilitating relaxation in a nursing school setting. *Journal of Holistic Nursing*, Vol. 29, December 2011, pp. 242-8.

[5] Zeidan, F., Martucci, K.T., Kraft, R.A., Gordon, N.S., McHaffie, J.G. & Coghill, R.C. (2011). Brain mechanisms supporting the modulation of pain by mindfulness meditation. *The Journal of Neuroscience*, Vol. 31, April 2011, pp. 5540-8.

[6] Choi, K.E, Rampp, T., Saha, F.J., Dobos, G.J. & Musial F. (2011) m Pain modulation by meditation and electroacupuncture in experimental submaximum effort tourniquet technique. *Explore*, Vol. 7, July-August 2011, pp. 239-45.

[7] Schmidt, S., Srossman, P., Schwarzer, B., Jena, S., Naumann, J. & Walach, H. (2011). Treating fibromyalgia with mindfulness-based stress reduction: results from a 3-armed randomized controlled trial, *Pain*, Vol. 152, February 2011, pp. 361-9.

[8] Hennard, J. (2011). A protocol and pilot study for managing fibromyalgia with yoga and meditation. *International Journal of Yoga Therapy*. Vol. 21, 2011, pp. 109-21.

[9] Fox, S.D., Flynn, E. & Allen, R.H. (2011). Mindfulness meditation for women with chronic pelvic pain: a pilot study. *Journal of Reproductive Medicine*. Vol. 56, March-April 2011, pp. 158-62.

[10] Teixeira, E. (2010). The effect of mindfulness meditation on painful diabetic peripheral neuropathy in adults older than 50 years. *Holistic Nursing Practice*. Vol. 24, September-October 2010, pp. 277-83.

[11] Radi, D.I., Vieten, C., Michel, L. & Delorme, A. (2011). Electrocortical activity prior to unpredictable stimuli in meditators and nonmeditators. *Explore*. Vol. 7, September-October 2011, pp. 286-99.

[12] Travis, F. (2011). Comparison of coherence, amplitude, and eLORETA patterns during transcendental Meditation and TM- Sidhi practice. *International Journal of Psychophysiology*. Vol. 81, September 2011, pp. 198-202.

[13] Engstrom, M., Pihlsgard, J., Lundberg, P., & Soderfeldt, B. (2010). Functional magnetic resonance imaging of

hippocampal activation during silent mantra meditation. *Journal of Alternative and Complementary Medicine*. Vol. 16, December 2010, pp. 1253-8.

[14] Moss, A.S., Wintering, N., Roggenkamp, H, Khalsa, D.S., Waldman, M.R., Monti, D. & Newberg, A.B. (2012). Effects of an 8-week meditation program on mood and anxiety in patients with memory loss. *Journal of Alternative and Complementary Medicine*. Vol. 18, January 2012, pp. 48-53.

[15] Newberg, A.B., Wintering, N., Khalsa, D.S., Roggenkamp, H. & Waldman, M.R. (2010). Meditation effects on cognitive function and cerebral blood flow in subjects with memory loss: a preliminary study. *Journal of Alzheimer's Disease*. Vol. 20, 2010, pp. 517-26.

[16] Zeidan, F., Johnson, S.K., Diamond, B.J., David, Z. & Goolkasian, P. (2010). Mindfulness meditation improves cognition: evidence of brief mental training. *Consciousness and Cognition*. Vol. 19, June 2010, pp. 597-605.

Capítulo 5: La meditación para el bienestar emocional, por Mark E. Young, Ph.D.

Aftanas, L., & Golosheykin, S. (2005). Impact of regular meditation practice on EEG activity at rest and during evoked negative emotions. *International Journal of Neuroscience*, 115(6), 893-909.

Benson, H., & Stark, M. (1996). *Timeless healing: The power and biology of belief.* New York: Scribner.

Folkman, S., & Lazarus, R. S. (1980). An analysis of coping in a middle-aged community sample. *Journal of Health and Social Behavior*, 21, 219-239.

Goleman, D. (1995). *Emotional intelligence*. New York: Bantam.

Goleman, D., & Schwartz, G. (1976). Meditation as an intervention in stress reactivity. *Journal of Consulting and Clinical Psychology*, 44(3), 456-466.

Lane, J., Seskevich, J., & Pieper, C. (2007). Brief meditation training can improve perceived stress and negative mood. *Alternative Therapies in Health & Medicine*, 13(1), 38-44.

Smith, W. P., Compton, W.C, & Beryl, W. (1995). Meditation as an adjunct to a happiness enhancement program. *Journal of Clinical Psychology*, 51, 260-273.

Wachholtz, A., & Pargament, K. (2005). Is spirituality a critical Ingredient of meditation? Comparing the effects of spiritual meditation, secular meditation, and relaxation on spiritual, psychological, cardiac, and pain outcomes. *Journal of Behavioral Medicine*, 28(4), 369-384.

Capítulo 6: El factor creativo en la espiritualidad y la salud, por Debbie Purdy, M.A.A.T

Cassou, M. (2001). *Point Zero*. New York: Tarcher/Putman.
Cassou, M., & Cubley, S. (1995). *Life, Paint and Passion*. New York: Tarcher/Putnam.

Csikszentmihalyi, M. (1990). *Flow*. New York: Harper Row.

Ganin, B. (1999). *Art and Healing*. New York: Three Rivers Press. Gardner, H. (1982). Art, Mind and Brain. New York: Basic Books.

McNiff, S. (1992). *Art as Medicine*. Boston: Shambala Publications. Samuels, M. & Rockwood–Lane, M. (1998). *Creative Healing*. New York: Harper Collins.

Capítulo 7: Espiritualidad y salud mental, por John McGrew, Ph.D.

Levin, J. (2001). God, Faith, and Health: Exploring the

Spirituality - Healing Connection. New York: John Wiley & Sons.

Freud, S. (1989). *The Future of an Illusion.* (first published in 1927). New York: W. W. Norton & Company.

Faith and Healing: Can spirituality promote health? Time Magazine, June 24, 1996

Gallup Poll Social Series: Values and Beliefs, May 8-11, 2008

Koenig, H.G., McCullough, M.E., & Larson, D.B. (editors). (2001). *Handbook of Religion and Health.* New York: Oxford University Press.

Benor, D.J. (2001). *Spiritual Healing: Scientific Validation of a Healing Revolution.* Southfield, MI: Vision Publications.

Capítulo 8: Preguntas frecuentes sobre la salud mental y la espiritualidad, por Marshall O. Zaslove, M.D.

[1]Kusler, R. C., & Chu, W. T. (2005). Prevalence, Severity, and Comorbidity of 12-Month DSM-IV Disorders in the National Comorbidity Survey Replication. *Arch Gen Psychiatry*, 62:617-627.

[2]Sanson, R. A., & Khatain, K. (1990). The Role of Religion in Psychiatric Training. *Academic Psychiatry*, 14: 34-38.

[3]Gotlib, I. H., & Hammen, C. L. (2010). *Handbook of Depression, Second Edition.* New York: Guilford, p. 510.

[4]Levin, J. S., & Larson D. B. (1997). Religion and Spirituality in Medicine: Research and Education. *JAMA*, 278:792-793.

[5]Gartner, J., & Larson, D. B. (1991). Religious Commitment and Mental Health. *Psychology and Theology*, 19:6-25.

[6]Shafranske, E.P. (2000). Religious Involvement and Professional Practices of Psychiatrists. *Psychiatric Annals*, 30:525-532.

[7]Fortney, L. (2010). Meditation in Medical Practice: A Review of the Evidence and Practice. *Primary Care*, 37:1, 81-90.

[8]Selye, H. (1978). *The Stress of Life*. New York: McGraw Hill.

[9]Benson, H. & Klipper, M. (1976), *La respuesta de la relajación*. New York: Harper Torch.

[10]Moody, R. A. Vida después de la vida. Primera edición en inglés *Life After Life*. (2001). New York: Harper One.

Capítulo 9: Meditación: encontrando nuestro equilibrio, por Rimjhim Duggal Stephens, MBBS

[1] Lagopoulos et al. (2009) Increased Theta and Alpha EEG Activity during Nondirective Meditation. *The Journal of Alternative and Complementary Medicine*, 2009; 15 (11): 1187 doi: 10.1089/acm.2009.0113

[2] Lavretsky, H., Epel, E.S., Siddarth, P., Nazarian, N., Cyr, N.S., Khalsa, D.S., Lin. J., Blackburn, E., & Irwin, M.R. (2012). A Pilot Study of Yogic Meditation for Family Dementia Caregivers with Depressive Symptoms: Effects on Mental Health, Cognition, and Telomerase Activity. *Int J Geriatr Psychiatry*. 2012. Mar 11. doi: 10.1002/gps.3790

[3] Chaterji, R., Tractenberg, R.E., Amri, H., Lumpkin, M., Amorosi, S.B., & Haramati, A. (2007) A large-sample survey of first- and second-year medical student attitudes toward complementary and alternative medicine in the curriculum and in practice. *Altern Ther Health* Med. 2007. Jan-Feb; 13(1): 30-5.

[4] Ishak, W.W., Lederer, S., Mandili, C., Nikravesh, R., Seligman, L., Vasa, M., Ogunyemi, D., & Bernstein, C.A. (2009). Burnout during residency training: a literature review. *J Grad Med Educ*. 2009. Dec;1(2):.236-42.

[5] Paul, G., Elam, B., & Verhulst, S.J. (2007). A longitudinal study of students' perceptions of using deep breathing meditation to reduce testing stresses. *Teach Learn Med.* 2007. Summer;.19(3):.287-92.

Capítulo 10: La meditación y la espiritualidad: una perspectiva homeopática, por Tim Fior, M.D., D.Ht.

[1] La homeopatía es un sistema de curación 200 años de antigüedad, desarrollado en Alemania por el doctor Samuel Hahnemann. El principio básico es la ley de los semejantes, o que lo semejante cura lo semejante. Además, en la homeopatía por lo general se usan medicamentos diluidos de forma infinitesimal, uno a la vez. Por esta razón, los medicamentos homeopáticos son mucho más seguros que los convencionales e incluso que los elaborados a base de hierbas.

[2] Constitución de la Organización Mundial de Salud, adoptada en 1946 por los representantes de 61 Estados.

[3] Laszlo, Ervin. *The Whispering Pond.* Element, Rockport Massachusetts, 1996, p.108-110.

[4] Ibid.

[5] Bell, I. R., Lewis, D. A. I., Schwartz, G. E., Lewis, S. E., Caspi, O., Scott, A., Brooks, A. J. and Baldwin, C. M. (2004). Electroencephalographic cordance patterns distinguish exceptional clinical responders with fibromyalgia to individualized homeopathic medicines. *J Alternative & Complementary Medicine* 10, 285-299.

[6] Los medicamentos homeopáticos por encima de la potencia de 12C están tan altamente diluidos (y sacudidos o mezclados en cada dilución) que el ingrediente activo se ha disuelto. De alguna manera conserva alguna información (posiblemente algún tipo de firma electromagnética o nanopartículas remanentes) del ingrediente activo original, que son capaces de reaccionar con alguien que está muy sensible a esta información en particular.

[7] Starfield, Barbara. Is US health Really the Best in the World? *JAMA*, July 26, 2000; Vol 284, no. 4, p. 483-485.

[8] Jonas, Wayne. A critical Overview of Homeopathy. *Ann Intern Med.* 2003;138:393-399.

[9] Estos hitos en la homeopatía se llaman Regla de Hering, la cual establece que los síntomas tienden a desaparecer en el orden contrario a su aparición (es decir, las más recientes primero), de arriba hacia abajo, de adentro hacia afuera, y del órgano de mayor importancia al menos importante. Por supuesto, hay excepciones a esta regla, pero el punto es que esta es una manera de saber si las cosas van en la dirección correcta.

[10] Esp. (2007b). *Descubriendo el poder del alma por medio de la meditación.* Lisle, Illinois: Radiance Publishers.

[11] Cabe destacar la meditación consciente en la tradición del budismo Zen y la Meditación Trascendental.

[12] Benson, Herbert. The Relaxation Response. 1975. Harper Collins, New York.

[13] Ellos observaron un aumento de las ondas *alfa* (7,5 hasta 13 ciclos por segundo), actividad que es más lenta que la onda normal *beta* del cerebro (> o = 14 ciclos por segundo), actividad del estado de vigilia. Sin embargo, investigaciones posteriores han demostrado que los efectos de la meditación sobre los patrones del EEG son mucho más complejos que esta simple generalización.

[14] Estos incluyen la tomografía por emisión de positrones (PET), tomografía computarizada por emisión de fotón único (SPECT), e imágenes por resonancia magnética funcional (f MRI).

[15] Newberg, A.B. The neural basis of the complex mental task of meditation: neurotransmitter and neurochemical considerations. Medical Hypotheses (2003) 61(2), 282-291.

[16] El ácido amino butírico gamma o GABA es un neurotransmisor inhibidor producido en muchas regiones del Sistema Nervioso Central. Un aumento en su nivel significaría que serían procesados menos estímulos externos distractores, mejorando la sensación de concentración.

[17] La melatonina es una hormona producida en la glándula pineal, que regula el sueño y disminuye con la edad. La serotonina es el neurotransmisor que aumenta en el cerebro para superar la depresión, como el Prozac, Inhibidor Selectivo de la Recaptación de Serotonina (ISRS).

[18] Shapiro, S. An analysis of Recent Meditation Research and Suggestions for Future Directions. Humanistic Psychologist, 31, Spring and Summer 2003, p. 89.

[19] Morse, Melvin. *Transformed by the Light.* Ivy Books, New York, 1992.

Capítulo 11: Quiropráctica y meditación: de la curación a la integridad, por Alan R. Post, D.C.

[1] Breenan et al. (1991). Enhanced Phagocytic Cell Respiratory Bursts Induced by Spinal Manipulation. *Journal of Manipulative Therapeutic 199 14(7) 399-407*

[2] Chopra, D. (1989). *Quantum Healing: Exploring The Frontiers of Mind Body Medicine.* New York, USA: Bantam Books

[3] Singh, Darshan. (1982). *Despertar espiritual.* Naperville, Illinois: SK Publications.

[4] Singh, Kirpal. (1967). *Hombre - Dios.* Naperville, Illinois: SK Publications.

Capítulo 12: Neuroteología: el cerebro y la ciencia de la meditación, por Louis A. Ritz, Ph.D.

Barnes, P. M., Bloom, B. & Nahin, R. L. 2008. *Complementary and Alternative Medicine Use Among Adults and Children: United States, 2007.* National Health Statistics Reports. Number 12.

Beauregard, M. & O'Leary, D. (2007). *The Spiritual Brain: A Neuroscientist's Case for the Existence of the Soul.* New York: HarperCollins.

Beauregard, M. & Paquette, V. (2006). Neural Correlates of a Mystical Experience in Carmelite Nuns. *Neurosci. Letters.* 405, 186-190.

Beauregard, M. & Paquette, V. (2008). EEG Activity in Carmelite Nuns during a Mystical Experience. *Neurosci. Letters.* 444, 1-4.

Begley, S. (2007). *Train Your Mind, Change your Brain: How a New Science Reveals Our Extraordinary Potential to Transform Ourselves.* New York: Ballantine Books.

Davidson, R. J. (2004). Well-being and affective style: neural substrates and biobehavioural correlates. *Phil. Trans. R. Soc. Lond. B.* 359: 1395-1411.

George, M. S. et al. (2010). Daily Left Prefrontal Transcranial Magnetic Stimulation Therapy for Major Depressive Disorder: A Sham-Controlled Randomized Trial. *Arch Gen Psychiatry.* 67:507- 516.

Holzel, B. K. et al. (2010). Mindfulness Meditation leads to Increases in Regional Brain Gray Matter Density. *Psychiatry Research: Neuroimaging.* 191: 36-43.

Kabat-Zinn, J. (2005). *Wherever You Go, There You Are: Mindfulness Meditation in Everyday Life.* New York: Hyperion Books.

Lazar, S. W. et al. (2005). Meditation Experience is Associated with Increased Cortical Thickness. *Neuroreport.* 16(17): 1893-1897.

Levin, J. (2002). *God, Faith, and Health: Exploring the Spirituality- Healing Connection.* New York: Wiley Press.

Lutz, A., Slagter, H. A., Dunne, J. D. & Davidson, R.J. (2008). Attention regulation and monitoring in meditation. *Trends in Cognitive Sciences.* 12 (4): 163-169.

Moody, R. (1976). *Vida después de la vida.* Atlanta: Mockingbird Books. Nadeau, S., Ferguson, T. S., Ritz, L. A., et.al. 2004. Medical Neuroscience. Philadelphia: Elsevier Press.

Nepo, M. (2006). *Unlearning Back to God: Essays on Inwardness, 1985-2005.* New York: Khaniqahi Nimatullahi Publications

Newberg, A. & D'Aquili, E. (2002). *Why God Won't Go Away: Brain Science and the Biology of Belief.* New York: Ballantine Books

Rubia, K. (2009). The Neurobiology of Meditation and its Clinical Effectiveness in Psychiatric Disorders. *Biological Psychology.* 82: 1-11.

Santorelli, S. (2000). *Heal Thy Self: Lessons on Mindfulness in Medicine.* New York: Three Rivers' Press.

Saver, J. L. & Rabin, J. (1997). The Neural Substrates of Religious Experience. *J. Neuropsych. Clin. Neurosciences.* 9: 498-510.

Singh, Darshan. 1978. *Secreto de los secretos.* Naperville, Illinois: SK Publications.

Singh, Rajinder. (2005). *El hilo de seda de la Divinidad.* Naperville, Illinois: SK Publications.

Singh, Rajinder. (2007a). *El poder sanador de la meditación.* Lisle, Illinois: Radiance Publishers.

Singh, Rajinder. (2007b). *Decubriendo el poder del alma por medio de la meditación.* Lisle, Illinois: Radiance Publishers.

Singh, Rajinder. (2011). *La chispa divina.* Lisle, Illinois: Radiance Publishers.

Slagter, H. A., Davidson, R. J. & Lutz, A. (2011). Mental Training as a Tool in the Neuro-scientific Study of Brain and

Cognitive Plasticity. *Frontiers in Human Neuroscience*. 5: 1-12.
Tindle, H. A., Davis, R. B., Phillips, R. S., & Eisenberg, D. M. (2005). Trends in Use of Complementary and Alternative Medicine by U.S. Adults: 1997-2002. *Altern. Ther. Health Med.* Jan-Feb; 11(1):42-9.

Wallace, R. K. (1971). The Physiological Effects of Transcendental Meditation: A Proposed Fourth Major State of Consciousness. Doctoral Dissertation. University of California, Los Angeles.

Wallace, R. K., & Benson, H. (1972). The Physiology of Meditation. *Scientific American*. 226 (2): 84-90.

Walsh, R. (2000). *Essential Spirituality: The 7 Central Practices to Awaken Heart and Mind*. New York: Wiley Press.

Capítulo 13: Reducir las enfermedades relacionadas con el estrés para lograr un óptimo aprendizaje, por Ricki Linksman, M.Ed.

[1]Beecham. John. (2009) "Study: Stress hits graduate students particularly hard: Survey finds many feel hopeless, consider suicide." *Daily Nebraskan*, March 9, 2009.

[2] Thomas, Caroline Bedell, MD and Murphy, Edmond. A, MD, Department of Medicine, The Johns Hopkins University School of Medicine, Baltimore, MD, (Sept. 5, 1958). "Further studies on cholesterol levels in the Johns Hopkins medical students: The effect of stress at examinations." *Journal of Chronic Disease*, December 1958. Vol. 8, Issue 6, pages 661-668.

[3] National Health Ministries. (2004) "Stress and the College Student." PC (USA). 7.2004 / Rev. 2. 2006.

[4] Ibid.

[5] Ibid.

[6] John Tung Foundation study. (2004) "Depression among Adolescents in Taipei Area."

[7] Kai-Wen, Cheng. Kaohsiung Hospitality College (2004) "A study of stress sources among college students." Taiwan: Journal of Academic and Business Ethics: p.1.

[8] Linksman, Ricki. (2001). *How to Learn Anything Quickly.* New York. Barnes and Noble.

[9] Singh, Rajinder. (2005) *El hilo de seda de la Divinidad.* Naperville, Illinois: SK Publications, p. 103.

[10] Pascual-Leone, Alvaro, Armedi, Amir, Fregni, Felipe, and Merabet, Lotfi B. (2005). "The Plastic Human Brain Cortex." Boston: Harvard College: Annu. Rev. Neurosci. 2005. 28:377-401.

[11]Tan, Yi-Yuan; Lu, Qilin; Geng, Siujuan; Stein, Eliot A.; Yang, Yohong; and Posner, Michael I. a) Institute of Neuroinformatics and Lab for Body and Mind, Dalian University of Technology, Dalian 116024, China; b) Department of Psychology, University of Oregon, Eugene, OR 97403; and c) Neuroimaging Research Branch, National Institute on Drug Abuse-Intramural Research Program, Baltimore, MD 21224 (2010). "Short-term meditation induces white matter changes in the anterior cingulate." *PNAS (Proceedings of the National Academy of Sciences of the United States of America)*.Submitted by Posner, Michael I. July 27, 2010. August 16, 2010. pnas.org/content/early/2010/08/10/1011043107.abstract

[12] Jackson, Phil and Delehanty, Hugh (Foreword by Bill Bradley) (2006) Sacred Hoops: Spiritual Lessons of a Hardwood Warrior. Hyperion.

[13] MSNBC: NBCSports: "Kobe to Conan: He had us meditate pre- game." (2009) *NBCSports.com news service*. June 18. 2009.

[14] Medina, Mark. (2010) "Andrew Bynum's meditation proves instrumental in overcoming knee injury." *Los Angeles Times*. Lakers Blog. latimes.com/lakersblog/2010.June 9, 2010.

[15] Lehrer, Jim. (2000). *PBS transcript. Online News Hour*. pbs.org/newshour/bb/sports/jan-june00/jackson_6-16.html. June 16, 2000.

Capítulo 14: Reducir el dolor de la discapacidad mediante la meditación, por Harald Hoermann, M.S.

[1]Antonovsky, *Aaron. (1997) Salutogenese. Zur Entmystifizierung der Gesundheit* (Orig.: (1987) *Unraveling the mystery of health. How people manage stress and stay well).* Tübingen

[2]Steinmann, Ralph Marc. (2008). *Spiritualitaet - Die vierte Dimension der Gesundheit- Eine Einführung aus der Sicht der Gesundheitsfoerderung und Praevention.* Zuerich. (*Spirituality – the Fourth Dimension of Health. An Introduction from a Health Promotion and Preventive Perspective)*

[3]Kabbat-Zinn, Jon. (1991) *Gesund und stressfrei durch Meditation. Das große Buch der Selbstheilung.* Bern *(Healthy and Stress-free with Meditation. The Great Book of Self-healing)*

[4]Singh, Rajinder. (1997) *Decubriendo el poder del alma por medio de la meditación.* Lisle, Illinois: Radiance Publishers.

[5]Singh, Rajinder. (2007) *El poder sanador de la meditación.* Lisle, Illinois: Radiance Publishers.

[6]Singh, Rajinder. (2011) *La chispa divina.* Lisle, Illinois: Radiance Publishers.

[7]Kammerl, Mira. (2010) *Positive Wirkung von Meditation: Eine Studie zu Spiritualitaet, Achtsamkeit, Glueck, Lebenszufriedenheit, Aengstlichkeit, Persoenlichkeit und Meditationstiefe.* Saarbruecken *(Positive Effects of Meditation: A Study of Spirituality, Mindfulness, Happiness, Life Satisfaction, Anxiety, Personality, and Meditation Depth)*

Capítulo 15: La meditación y la sanación del dolor, por James Harris Gruft, M.D., DABPM, FAAPMR

[1] Melzak R., Casey K.L., "Sensory, Motivational and Central Determinants of Pain: A New Conceptual Model." 423-443. Kenshalo D, ed., *The Skin Senses*. Springfield, Illinois: Charles C. Thomas, 1968.

[2] Singh, Rajinder. (1996) *El poder sanador de la meditación*. Lisle, Illinois: Radiance Publishers, p. 21.

[3] Schachtel, Ernest. (1959) *Metamorphosis*. New York: Basic Books.

[4] Puchalshi et al. (2003) "A Systematic Review of Spiritual and Religious Variables in Palliative Medicine." *American Journal of Hospice and Palliative Care, Hospice Journal, Journal of Palliative Care, and Journal of Pain and Symptom Management.*" Palliative and Supportive Care 2003; 1:7-13.

[5] Gallup G. Jr, Lindsay D. M. (1999) *Surveying the Religious Landscape.* Chicago: University of Chicago Press.

[6] Gallup G. Jr., Castelli J. (1989) *The People's Religion American Faith in the 90s.* New York: McMillan.

[7] Singh Rajinder. (1996) *El poder sanador de la meditación Meditation.* Lisle, Illinois: Radiance Publishers, 30-31.

[8] Campbell J. (1949) *El héroe de las mil caras.* Princeton, New Jersey: Princeton University Press, 385-386.

Información sobre libros de Radiance Publishers

Para información sobre libros de Radiance Publishers, contactar a:

Radiance Publishers
1042 Maple Ave.
Lisle, IL 60532
(630) 577-7622

Email: info@radiancepublishers.com